JN410111

# 오른쪽 손가락의 기억

유경희 수필집

교음사

## | 작가의 말 |

코로나19로 인한 '사회적 거리두기'는 한 번도 경험하지 못한 긴 강제 휴가를 안겨 주었다. 집 안에만 있는 특별한 휴가 기간에 그간의 글들을 읽어보는 기회를 가졌다. 말 타면 경마 잡히고 싶다더니 정리한 김에 내 책을 갖고 싶은 욕심이 생긴다. 2011년 4월 등단했으니 햇수로 올해 등단 10년째를 맞는다. '10년이면 강산도 변한다.'라는 속담이 수필집을 내야 한다는 압박감을 준다.

수필의 소재는 대부분 나의 이야기다. 여행 가서 느끼거나 영화를 보고 생각난 것조차 내 감정, 내 지난 시간들이다. 주변인들과의 관계에서 일어난 일들이다 보니 자연히 속상했던 이야기들이 표면에 드러내게 된다. 나를 드러내고 내 감정을 나타내는 것은 때론 일기장을 들킨 것처럼 부끄럽다. 그러나 속상해서, 짜증 나서 토해내기 시작한 글들도 감정의 표출을 절제하는 교정의 시간을 거치면 자연스레 역지사지의 감정을 갖게 된다. 그렇게 완성된 글을 저장하노라면 어느새 마음이 편안해지곤 한다. 어쩌면 나에게 수필은 감정을 정제하는 과정인지도 모른다.

수필은 쓸수록 어렵다. 쓸수록 교정의 시간이 길어지고 버려지는 글들도 늘어난다. 남에게 보여줄 수 없는 내 감정은 사적인 일기와 다를 것이 없다. 다른 사람에게 보여도 부끄럽지 않고, 공감 받을 수 있는 글을 쓰도록 정진하겠다.

결혼하면서 엄마에게 '엄마의 수필집'을 선물해 준 큰아들 병준이, 표지와 삽화를 그려준 작은아들 병연이, 아들의 예쁜 여자 친구에서 새로운 가족이 되는 민지와 수필집 출간의 기쁨을 함께 나누고 싶다. 수필가로 등단하게 지도해 주신 오경자 교수님과 내 글의 주·조연으로 등장해 준 모든 이들에게 감사드린다.

2020년 8월 저자 유경희

유경희 수필집

오른쪽 손가락의 기억



## 1. 외로움은 선택이 아니다

## 2. 청춘의 그 자리

## 3. 아버지의 매실액

## 4. 혼자만의 약속

## 5. 국화 향기 가득한

# 1부

# 외로움은 선택이 아니다

만 원은 '만 원의 행복', '만 원의 기적', '만 원의 가치' 등으로 불리며 그 쓰임을 짐작하게 하기도 한다. 만 원씩 기부한 게 모아져 어린이 재활병원을 건립하기도 하고, 만 원씩의 기부가 아프리카 어린이들을 질병에서 구하기도 한다. 수많은 사람들의 만 원은 때로 기적을 행하기도 하고, 가치 있게 쓰이기도 한다. 만 원의 가치는 사람마다 다르다.

# 대답하기 어려운 질문

TV 토크 쇼를 보면 가끔 초대 손님에게 곤란한 질문을 하는 것을 보게 된다. 마지막 키스는 언제 했는지, 마지막 연애는 언제였는지 별 시시콜콜한 것까지 다 묻는다. 특히 공개 연애하는 연예인을 불러놓고 하는 이런 질문은 당사자들에겐 대답하기 민망한 질문일 듯싶다. 우린 살아가며 가끔은 대답하기 곤란하거나 당황스런 질문을 접한다. 그 질문에 어떻게 답하는가에 따라 때론 그 사람의 평가가 달라지기도 한다.

나에게 대답하기 어려운 질문 중 하나는 '가장 감명 깊게 읽은 책'이다. 혹은 가장 기억에 남는 책이라거나 내 인생에 영향을 끼친 책이라고 바꾸어 질문 받을 때도 있다.

어떤 사람은 책 한 권에 인생을 바꾸기도 한다. 대학에 들어와 읽은 책 한 권으로 학생운동에 빠진 이도 있고, 마음을 움직인 책 하나에 작가가 되기로 결심한 사람도 있다. 인생을 바꿀 정도는 아니어도 힘든 시기에 읽은 책 한 권으로 희망을 갖기도 하고, 마음이 아플 때 읽은 아름다운 시구(詩句)로 상처를 치유하기도 한다.

나 역시 시집 한 권을 읽으며 마음의 상처를 다스리던 때가 있다. 그렇다고 지금은 제목조차 기억나지 않는 그 시집이 가장 감명 깊게 읽은 책은 아니다. 초등학교인가 중학교 시절 신문에 연재되던 『겨울 여자』를 읽기 위해 다음 날을 기다렸다. 신문 보는 모습을 엄마한테 들킬까 봐 얼마나 두근거렸는지 심장이 터질 것 같았다. 조용히 신문을 뒤적이는 학생은 칭찬받아 마땅할 일인데도 불구하고 몰래 본 걸 보면 어린 마음에 야한 글을 읽는다는 죄책감이 들었던 것 같다. 그렇게 가슴 설레며 봤다고 해서 출간된 그 소설이 가장 기억에 남는 책은 아니다.

언젠가 동생이 내가 달라 보였던 때에 대해 이야기한 적이 있다. 대학에 들어간 언니에게 가장 기억에 남는 책이 뭐냐고 물으니 『인어 공주』라고 했단다. 다 큰 언니 입에서 인어 공주라는 말이 나와 당황스러워 이유를 묻자 가장 먼저 읽은 슬픈 이야기라는 대답을 들었다고 한다. 어릴 때부터 책 읽기를 좋아했다. 초등학교 3학년 때 피아노 교실에 다녔는데 피아노 순서를 기다리며, 레슨이 끝난 후 틈틈이 그 집 다락방에 있던 세계명작전집 50권을 다 읽었을 정도다.

많은 이야기 중 『인어공주』를 읽고는 울고 또 울었다. 꼬리 대신 다리를 얻고, 목소리를 잃은 인어공주가 불쌍했다. 왕자를 죽이면 다시 인어로 돌아갈 수 있는데도, 그의 심장에 칼을 꽂지 못하고 왕자의 결혼식 날 물거품으로 사라지는 인어공주의 마음이 마냥 슬펐다. 아무것도 하지 않고 마치 생명의 은인인 양 왕자와 결혼하는 이웃 나라 공주가 바다의 마녀보다 더 얄미웠다. 아무도 가르쳐주지 않았지만, 사랑하는 남자를 빼앗아가는 것이 가장 잔인한 일이라는 걸 느낌으로 알았나 보다. 다리 하나 주고 공주의 모든 것을 빼앗아간 마녀보다 왕자와 결혼하는 착하고 예쁜 공주를 더 미워했으니 말이다. 어쩌면 나는 아주 어렸을 적부터 사랑을 알았는지도 모르겠다. 그렇다고 해서 『인어공주』가 내 인생에 영향을 끼친 책은 물론 아니다.

학교나 학원에서 학생들에게 독서 지도를 하다 보면 가끔 책을 읽고 가장 기억에 남는 장면을 묻거나, 지금까지 읽은 책 중에서 가장 감명 깊게 읽은 책이 무엇이냐는 질문을 할 때가 있다. 나는 대답하기 어려워하면서 아이들에게 묻는다는 게 미안할 때도 있지만, 사실 이 질문은 중요하다. '왜냐하면….'이라는 아이의 설명을 듣는 순간 그 아이의 독서 수준과 감성, 관심 부문까지도 가늠할 수 있기 때문이다. '내 인생에 영향을 끼친 책'이나 '가장 기억에 남는 책'에 답하기가 어려운 까닭은 어떤 책을 감명 깊게 읽었다고 말하는 순간 내 독서수준과 관심거리, 지식의 정도가 탄로 날지 모른다는 두려움 때문인지도 모른다.

책꽂이에 꽂혀있는 책들을 둘러본다. 소설이 제일 많고, 그 다음이 학생들과 토론하느라 읽은 아동문학이나 고전들, 선물 받은 수필집, 시집들이 자리를 차지하고 있다. 제목들을 훑어본다. 우리 집에 저 책이 왜 있는지, 내가 읽기나 했는지 의심스런 책도 더러 있다. 내가 알든 모르든, 비록 인지하지 못하더라도 지금의 나는 저 책들의 영향을 받았을 것이다. 가장 감명 깊게 읽은 책이라거나 기억에 남는 책은 아니더라도 그 순간엔 재미있게 읽었음이 분명하다. 그 책들은 새로운 사실을 알게 해 줬으며, 모르고 있던 일들에 관심 갖게 해주었을 테고, 내 마음을 어루만져 주었으리라.

그래도 이제는 대답하고 싶다. 내 아이들에게 한번 읽어보라고 권할 수 있는 책 한 권쯤은 찾고 싶다. 살아가는 동안에 과연 어떤 책이 내 마음을 움직였는지, 나의 길잡이가 되어줄 것인지 알고 싶어진다. 갑작스럽고 당황스런 질문도 아닌 '감명 깊게 읽은 책' 정도가 대답하기 어려운 질문이어서야 지천명을 넘은 사람의 도리도 아닌 듯싶다.

(2016. 11)

# 외로움은 선택이 아니다

외롭다는 것은 무엇일까? 혼자 있어서 쓸쓸하다는 사실만으로 외롭다고 할 수 있는가? 단지 가족과 헤어져 있다는 것, 사랑하는 사람을 볼 수 없다는 것이 외로움의 전부일까? 그렇다면 스스로 사랑하는 사람들을 떠나기로 선택한 외로움도 외로움이라고 해야 할까? 신간 『가끔은 격하게 외로워야 한다』의 작가 인터뷰 기사를 읽으면서 드는 의문이다.

저자는 문화심리학자이며 일류 강연자로 TV에도 종종 모습을 드러내던 유명인이다. 그는 50세가 되는 나이에 바쁘게 살아왔던 삶을 버리고, 일본의 한 전문대학으로 그림을 배우러 떠났다. 그

리고 외로웠던 유학생활을 마치고 돌아와 외로움을 담보로 했던 지난 4년간이 참으로 생산적인 시간이었다고 말한다. 거기까진 고개를 끄덕였다.

그런데 일본에서 돌아오는 대로 아무 연고도 없는 전남 여수로 내려가 집을 얻어 혼자 그림을 그리고 책을 쓰며 살겠다고 한다. '모든 문제는 외로움을 피해서 생겨난 어설픈 인간관계에서 시작된다. 그러므로 외로움을 감내하는 것이 자기 삶의 주인으로 사는 방법'이기에 외롭기 위해서 떠난다는 것이다. 이 부분에서 짜증이 확 올라온다. 이 정도면 외롭기 위해 떠나는 게 아니라 자신의 자유를 찾아 떠나는 것이라는 생각이 들어서다. 정말 외로운 것은 외롭기 위해 떠나는 그가 아니라 멀쩡한 남편 없이 혼자 살아야 하는 그의 부인이 아닐까 싶다. 아줌마들이 모이면 우스갯소리로 이 나이엔 가끔씩 집에 들어오면서 돈만 꼬박꼬박 부쳐주는 남편이 제일이라는 말을 하긴 하지만 그건 말 그대로 농담일 뿐이다.

저자는 그림을 공부하기로 한 것이 인생에서 가장 잘한 결정이었다고 주저 없이 말할 수 있을 만큼 자신의 선택에 만족한다. 그리고 그 시간은 격한 외로움을 담보로 했다고 말한다. 그러나 그 상황이 과연 격한 외로움을 담보로 한 것인지 의문이 들기 시작했다. 사람은 누구나 외롭다. 그러기에 대중 속의 고독이란 말도 있고, 때론 사랑하는 이와 같이 있어도 외롭다고 한탄을 하기도 한다. 외로운 건 자신을 이해하지 못하는 주변인과, 이해해주지 않는 가족 때문에 생기는 것이다. 대학교수도 때려치우고 강연도 집어치우고 그동안의 삶을 돌아보며 그림을 배우겠다고 떠난 자신을 내버려 두는 아내가, 기다려 주는 자식이 있는 한 그는 절대 외로울 수 없다.

누구나 일상에서의 탈출을 꿈꾸지만 현실적으로 실행에 옮길 수 있는 사람은 드물다. 일상을 벗어난 4년, 자신이 평생 가슴에 품고 있던 그림을 배우면서 젊은 학생들과 보낸 도전의 시간을 감히 외롭다 표현할 수 있는가. 나이 쉰에 경제적 활동을 포기함에도 불구하고 자신이 원하는 것을 시작할 수 있다는 건 어찌 보면 축복이다. 외로움을 선택할 수 있는 사람은 격하게 외로울 수 없다. 언제든 외로움을 포기하고 사람들 속으로 돌아갈 수 있기 때문이다.

몇 년 전에 저자의 다른 책을 읽은 적이 있다. 『나는 아내와의 결혼을 후회한다』라는 다소 자극적인 제목과, 문화가 의식을 결정한다는 문화심리학이라는 이름에 끌려서 과감히 책을 사는 비용을 투자했다. 호기심을 자극하는 제목과 상관없이 그 내용은 남자들의 행복과 로망에 관한 것이었다. 남자에게 떼려야 뗄 수 없는 아내라는 존재를 통해 안정과 로망의 경계에서 행복에 대해 풀어냈다. 책에서 그는 후회를 '행하고 하는 후회'와 '하지 않고 하는 후회'로 나누고 어차피 후회를 해야 한다면 행동하고 짧게 후회하는 편이 심리적으로 더 건강하다고 했다. 우리는 해도 후회, 안 해도 후회라면 차라리 하고 나서 후회하는 게 더 낫다는 말을 쉽게 하곤 한다. 그러나 그것이 결혼이나 연애 같은 일상적인 것이 아니라 사업이나 다른 큰일이라면 상황은 다르다. 망설이다 현실이라는 벽에 부딪혀 포기하는 경우가 다반사이다. 때문에 하지 않고 하는 후회는 평생을 지배하지만 확 저질러놓고 후회하는 건 그보다 짧다는 말에 동감했다. 물론 저지를 용기는 없지만 말이다.

어쩌면 『가끔은 격하게 외로워야 한다』는 제목 역시 마케팅의 산물일지 모르지만, 외로움을 선택할 수 있다고 믿는 저자의 기본적인 전제를 이해하기는 힘들다. 자기 삶의 주체가 되기 위해 외로움을 감내하러 떠난다는 발상은 혼자만의 시간을 누리기 위한 변명에 지나지 않는다고 느껴진다. 『나는 아내와의 결혼을 후회한다』라는 책에서 아주 가끔 결혼을 후회하는 남편에게 그의 아내는 아주 가끔 만족한다고 했더랬다. 그가 과연 자신과 결혼한 것에 대해 아주 가끔 만족하는 아내의 의견을 고려하여 외로움을 선택한 것인지도 궁금하다.

아직 책도 읽어보지 않은 상태에서 이렇게 말한다고 해서 내가 저자의 안티는 물론 아니다. 인간이 외로움 속에서 성장한다는 것은 동의한다. 그러나 그 외로움을 선택할 수 있다고 믿는 것은, 모든 것을 갖고 있다고 생각한 저자의 자만이 아닐까 하는 궁금증이 들었을 뿐이다. 스스로 선택한 외로움은 현실을 벗어난 자유의 또 다른 이름이 아닐까. 4년간 가족을 떠났다가 돌아오자마자 격한 외로움을 위해 떠나겠다는 기사를 읽은 소고(小考)이다.

(2015.12)

# 한 끗 차이

'절망의 끝'이라는 신문 칼럼을 읽는다. 어느 철도 회사의 신입 직원이 냉동 칸을 정리하러 들어갔는데 손잡이가 고장 나서 문이 잠기고 말았다. 주말이라 주변에 도와줄 사람은 아무도 없는 것 같다. 그는 절망한다. 꼼짝없이 얼어 죽을 거라 생각한 그는 자신의 마지막 흔적을 남기기 위해서 벽에다 있는 힘을 다해 한 글자 한 글자 적어 나간다.

'내 몸이 점점 차가워진다.'

'아…. 이제 나는 죽는구나….'

다음 날 아침 그는 냉동 칸에서 싸늘한 주검으로 발견된다. 그

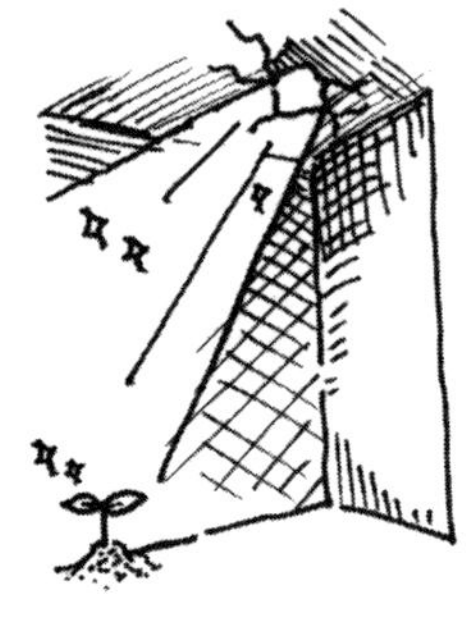

러나 그의 마지막 흔적을 본 사람들은 그의 죽음을 이해할 수 없다. 그 냉동 칸은 며칠째 고장나 섭씨 13도 정도를 유지하고 있어 하룻밤 새 사람이 얼어 죽을 온도는 아니었기 때문이다. 결국 고립무원의 상태라고 생각한 그는 절망 끝에 스스로 죽어간 것이다. 절망이 얼마나 무서운 것인가를 얘기하는 글을 보며 문득 얼마 전에 작고한 장영희 교수가 떠오른다.

몇 년 전에 장영희 교수는 조선일보에 「문학의 숲, 고전의 바다」라는 북 칼럼을 연재했다. 그때 작가의 인터뷰 기사를 봤는데 감명 깊었다. 그녀는 생후 1년 만에 두 다리를 쓰지 못하는 1급 장애인이 된다. 70년대 초만 하더라도 장애인에 대한 사회의식이 전혀 없고 편견도 심할 때이다. 그는 상급학교에 진학할 때마다 입학을 거부하는 학교로 인해 곤욕을 치른다. 매번 학교 측을 설득해 입학시킨 아버지와 매일같이 다 큰딸을 업어서 등교시키고 두 시간마다 화장실에 데려다준 어머니, 자신의 장애를 극복하고 영문학 교수가 된 그녀의 이야기는 삶 자체가 감동이고 교훈이다.

북 칼럼은 『위대한 개츠비』나 『노인과 바다』같이 제목은 익숙하지만 내용은 가물가물한 고전을 자신의 가족이나 주변 이야기와 연결해서 잔잔하게 써 내려갔다. 그의 글은 아침마다 신문을 기다리는 즐거움을 주었다. 언젠가 장애인으로서 겪었던 체험을 고백한 적이 있다. 동생과 시장에 갔는데 가게 주인이 목발을 짚고 있는 자신을 거지인 줄 알고 쫓아냈다는 일화를 펄벅의 지적장애인 딸 이야기를 하면서 풀어나갔다. 읽을 때는 마음이 아팠는데 너무 평온하게 써 내려가서 읽고 나니 묘하게도 그 일이 정말 아무렇지 않은 것처럼 여겨졌던 기억이 있다. 자존심이 상해서 가슴에 묻어두고 싶은 이야기일 텐데 담담하게 말하는 그 모습에서 주어진 삶을 받아들이는 긍정적 사고가 느껴졌다. 그녀는 자신의 소소한 일상을 문학 작품과 연결시켜서 풀어내는 재주를 갖고 있다. 그리고 그것을 읽는 사람을 감동적이게, 때론 부끄럽게도 만든다.

『노인과 바다』에서 가장 좋아하는 말이라며 "희망을 갖지 않는 것은 어리석다. 희망을 버리는 것은 죄악이다."라는 구절을 소개했는데, 이후로 그를 보면 희망의 상징처럼 여겨진다. 물론 장애를 극복하고 당당한 사회인으로 성공한 사람들은 많다. 그러나 그 사람들 중에서 장영희 교수를 희망의 상징으로 떠올리는 것은 아마도 내가 밝고 따듯한 그의 글을 좋아하기 때문이리라. 절망의 순간에 늘 가까이 있는 희망을 찾아내는 그 긍정의 힘을 사랑한다.

그는 완쾌된 줄 알았던 유방암이 척추암으로 전이돼 항암치료를 받으면서 북 칼럼을 멈췄다. 그러나 투병 기간 중에도 병원 침상에서 「영미 시 산책」이라는 코너를 계속 연재했다. 영시 원문을 적고 그녀의 번역으로 재탄생한 시를 소개한 후 자신의 감상을 짧게 쓴 형식이다. 그 짧은 글이 따듯하기도 했지만 칼럼을 기다린 건 투병 기간 중에도 멈추지 않은 그의 열정과 삶에 대한 의지 때문이다. 어쩌면 그 기다림은 그에 대한 응원이었을지도 모른다. 스스로 희망의 증거가 되고 싶다던 그녀는 스물네 번의 항암치료를 받는 힘겨운 와중에도 강의를 계속하고 칼럼을 쓰고 책을 출간한다. 희망을 말로만 얘기한 것이 아니라 실천한 것이다.

만약 그녀가 처음 암을 발견했을 당시 자신에게만 다가오는 시련에 절망해서 모든 걸 포기하고 은둔 생활을 했다면 그 절망의 끝은 무엇이었을까. 죽음을 앞두고도 흔들림 없이 자신의 생활을 계속하고 사과나무를 심을 수 있는 사람에겐 아름다운 향기가 있다. 그 향기는 다른 사람에게 인간에 대한 따듯한 애정과 희망을 전달한다.

유작이 된 수필집 『살아온 기적, 살아갈 기적』에서 그녀는 '희망의 힘이 생명을 연장시킬 수 있듯이, 희망은 분명 운명도 뒤바꿀 수 있을 만큼 위대한 힘'이라고 적고 있다. 고장난 냉동 칸에서 얼어 죽은 신입 직원도 그 상황에서 삶에 대한 굳은 의지로 정신을 똑바로 차렸다면 그곳의 온도가 그렇게 낮지 않다는 걸 금세 알아차렸을지도 모른다. 도와줄 사람이 없다는 생각에 쉽게 절망하기보다, 살 수 있다는 희망을 버리지 않고 나갈 방도를 찾았다면 몸이 차가워지는 일은 없었을 것이다. 고장난 냉동 칸의 젊은이와 장영희 교수는 절망과 희망이라는 단순한 마음가짐이 운명을 어떻게 바꾸는지 깊이 생각해보는 시간을 갖게 한다.

작은 구멍으로 비치는 한줄기 빛조차 희망으로 여기고, 넘어져 주저앉기보다는 다시 일어나 걷는 편이 더 편하다는 그의 말을 잊지 않고 살고 싶다.

(2009. 5)

# 만 원의 행복

만 원은 어디 하나 빈 곳 없이 꽉 찬 느낌을 주기도 하지만, 만 원짜리 한 장이라는 표현처럼 가볍게 느껴지기도 한다. 어떤 사람은 만 원으로 며칠 먹을 라면을 사고, 누군가는 그날의 반찬을 준비하기도 하지만, 대부분의 사람들은 만 원을 들고 나가면 살 게 없다고 투덜댄다. 만 원으로는 주말에 영화 한 편도 볼 수 없을 만큼 가치가 하락했다. 만 원은 '만 원의 행복', '만 원의 기적', '만 원의 가치' 등으로 불리며 그 쓰임을 짐작하게 하기도 한다. 만 원씩 기부한 게 모아져 어린이 재활병원을 건립하기도 하고, 만 원씩의 기부가 아프리카 어린이들을 질병에서 구하기도 한다.

수많은 사람들의 만 원은 때로 기적을 행하기도 하고, 가치 있게 쓰이기도 한다. 만 원의 가치는 사람마다 다르다.

만 원으로 무엇을 하면 행복할 수 있을까 생각해 본다. 친구와 카페에 앉아 아메리카노와 카페라테를 시켜놓고 수다를 떨 수도 있고, 주중에 영화관에 가서 신작 영화를 보며 시간을 보낼 수도 있다. 다 좋다. 별거 아닌 듯 보이지만 편안하고 행복에 젖을 수 있다. '소확행'이라는 말이 유행이다. '소소하지만 확실한 행복'이라는 뜻이다. 일상에서 느낄 수 있는 작지만 확실하게 실현 가능한 행복을 말한다. 나의 '소확행'은 '만 원의 행복'이다. 카드사나 통신사의 홈페이지에서는 멤버십 혜택으로 '만 원의 행복'이란 이름하에 연극 티켓을 만 원에 제공한다. 유명한 연극은 금세 매진되지만, 장기공연이나 소극장의 뮤지컬, 대학로의 웬만한 연극은 거의 만 원에 볼 수 있다.

연극을 보는 날은 가장 친한 친구를 만나는 날이기도 하다. 친구와 같은 취미를 가졌다는 것 역시 행복한 일이다. 때로 초대권이 생겼는데 이 친구가 시간이 안 돼서 다른 사람과 가려 해도 그런 건 싫다고 거부당하는 경우가 있다. 뮤지컬은 좋은데 연극은 싫단다. 공짜로 보여주겠다는데 왜 싫은지 이해가 안 가기도 한다. 하기야 모든 사람이 연극관람을 좋아한다면 연극배우가 먹고 살기 힘들다는 말은 있지도 않을 것이다.

티켓값이 많이 올라 대학로의 웬만한 소극장 공연도 3~4만 원을 훌쩍 넘는다. 좋아한다고 자주 보기에는 부담스럽다. 정말 좋은 공연이라면 그 정도 지불해도 아깝지 않지만 그런 공연을 찾아내는 안목은 부족하다. 가끔 '만 원의 행복' 티켓을 구입하여 연극을 본다. 때론 무리해서 뮤지컬을 보기도 하고, 만 원으로 할인하지 않는 연극을 보기도 한다. 그러나 가장 뿌듯할 때는 역시 만 원으로 본 연극이 만족감을 줄 때다. 소소하지만 확실한 행복이다.

요즘 연극은 예전과 많이 달라진 느낌이다. 웬만한 연극엔 양념처럼 멀티맨이 나온다. 주로 재미있는 대사나 우스운 행동을 하기 때문에 멀티맨의 등장만으로 웃음이 빵 터질 때도 많다. 때론 주인공은 기억에 없는데 남자였다가 소녀로 나오기도 하고, 노인이었다가 아이로 분장하고 나온 강렬한 이미지의 멀티맨만 생각나기도 한다. 연극의 특성상 한 사람이 무대에서 여러 역할을 하기도 하지만 멀티맨의 역할은 다른 듯싶다. 멀티맨의 중요 임무는 관객을 웃기는 것이 아닐까 하는 생각이 든다. 정통 연극이나 심각한 연극에서는 1인 다역이라 해도 멀티맨이라고는 하지 않으니 말이다.

결혼해서 아이가 생기고, 그 아이들이 클 때까지 연극은 거의 못 봤다. 지금처럼 자주 공연을 보러 간 건 작은아이가 대학을 간 이후부터다. 이십여 년 만에 대학로를 찾았을 때 적잖이 당황했다. 연극의 무게가 많이 달라져서이다. 영화도 스토리가 있는 영화가 있고, 킬링 타임용 영화가 있듯이 연극도 순간만 웃고 즐기는 공연이 많아졌다. 볼 때는 웃지만 가끔은 허무할 때도 있다. 어떨 때는 소극장의 관객보다 배우가 더 많은 공연을 본 적도 있다. 관객이 적다고 좋은 공연이 아닌 것은 아니지만, 관객이 적을 때는 다 이유가 있는 법이다. 저녁 8시 연극을 보러 가서 11시가 넘어 집에 들어오는 건 쉬운 일이 아니다. 평소 저녁에 나갈 일이 없는 나로서는 일부러 시간을 내서 큰맘 먹고 가는 일이다. 내용도 없고 말장난만 보고 왔다는 느낌이 들 때는 시간을 낭비한 것 같아 억울하기까지 하다.

'만 원의 행복'으로 선택하는 연극은 이런 시행착오를 줄일 수 있어 좋다. 은행이나 회사가 지원하니 작품을 골랐을 테고, 홍보 효과도 있어 일단 관객이 많다. 관객이 많으면 배우는 힘이 나니 공연이 썰렁할 일은 없다. 주로 롱런하는 연극이 많은데 장기 공연하는 작품은 관객들이 찾는 연극이고, 관객이 찾는 연극은 최소한 재미는 있다. 가끔 유명 배우들이 출연하는 작품이나 「에쿠우스」, 「쥐덫」 같은 정통 연극을 할인하기도 한다. 물론 이런 티켓을 만 원으로 구입하기 위해서는 정보력과 스피드가 필요하다. 티켓을 쟁취해서 객석에 앉아 있을 때는 정말 뿌듯하고 행복하다.

만 원의 가치가 사람마다 다르듯, 행복의 가치도 사람마다 다르다. 만 원짜리 연극 따위를 보고 행복해하는 사람을 이해하지 못하는 사람이기보다는 만 원짜리 연극을 보고 행복해하는 사람이고 싶다. 어차피 반복되는 일상이라면 작지만 확실하게 실현 가능한 행복을 느끼며 살고 싶다.

(2018. 10)

# 아직은 마흔아홉

아침 일찍 피트니스클럽에 갔다. 항상 먼저 인사를 건네는 노신사가 오랜만에 오전에 나온 것 같다며 다가온다. 볼일이 있어서 일찍 왔다고 하자, 공치러 가냐고 묻는다. 수업이 있다고 하니 배우러 가는 건지 가르치러 가는 건지 꼬치꼬치 캐묻는다. 친하지 않은 사이엔 보통 어디 간다고 하면 거기서 대화가 그치기 마련이다. 계속되는 질문에 당황스럽기는 했지만 올 3월부터 초등학교 방과후 수업을 나간다고 자랑스럽게 말했다.

그런데 이제 쉴 나이에 왜 그런 짓을 시작했냐고 한다. 결혼하고 집에서 살림만 하다가 얼마나 어렵게 잡은 일자리인데 그런 짓이라니…. 이것을 시작으로 앞으로 한 학교 나 두 학교 정도 더 나갈 계획을 세우고 꿈에 부풀어 있던 나는 뒤통수를 한 대 얻어맞은 것처럼 멍하다. 나도 모르게 입이 한 뼘은 튀어나와서 "저 그렇게 나이 많이 안 먹었는데요." 한다. 내 반응과 표정에 "아들이 군대 갔다고 한 거 같아서…."라며 노신사도 말끝을 흐리고 당황해한다.

아이들을 키워놓으면 내 일을 갖겠다는 생각에 기회가 닿을 때마다 공부를 계속해왔다. 독서논술 지도자과정도 여러 개 듣고, 방과후 강사 양성과정도 수료하고, 수강생들과 그룹스터디도 했다. 그리고 올봄에 비록 일주일에 한 번 나가는 것이긴 하지만 초등학교 방과후 강사가 되었다. 여러 군데 원서를 넣었지만 경력은 없고 나이만 많은 아줌마에게는 서류전형을 통과할 기회조차 주어지지 않았다. 그러다가 겨우 K초등학교에서 서류에 합격되었다는 통지를 받고 면접을 거쳐 취업을 하게 되었다.

합격되었다는 연락을 받았을 때, 새로운 사랑을 시작하는 청춘의 어느 날처럼 달뜨고 설렜다. 이제부터 내 인생의 2막이 시작되는 것이라 여겨졌다. 다가올 인생의 가을을 낙엽 지는 쓸쓸한 계절이 아니라 오곡백과 풍성한 결실의 계절로 맞이할 수 있다는 사실이 기쁘고 감사했다. 온몸에 기운이 뻗치고, 희망이 가득했던 이십 대로 돌아간 듯싶다. 할 일 없이 여기저기 기웃거리는 잿빛 미래도 어느새 분홍빛 희망으로 바뀐다. 일주일에 두 번 정도 학교에 나가서 학생들을 가르치고 나머지 시간엔 운동과 취미생활을 하는 건강한 할머니, 멋지다. 맘에 든다. 하루하루를 그냥 운동하고 쇼핑하고, 몰려다니며 밥이나 먹기에는 인생은 너무 길게 남았다. 몸은 건강하고 의욕도 넘치는데 마흔아홉에 새로운 일에 도전하는 것이 남 보기엔 '그런 짓'에 불과한 일인가 생각하니 갑자기 의욕이 팍 꺾인다.

옛날에야 예순을 넘겨 사는 것이 흔치않은 일이라 환갑잔치, 칠순잔치를 열었지만, 이제는 아흔 넘은 부모님들이 살아계시는 것도 그리 드문 일은 아니다. 한 사람과 결혼해서 100년 가까이 사는 건 너무 지겨운 일이므로, 결혼을 두 번 하는 걸 법으로 인정해야 할지도 모른다는 우스갯소리까지 나올 정도이다. 우리나라 사람들의 평균수명은 80세이고, 1년에 6개월씩 늘어나 지금 60세 이하의 사람들은 평균수명이 100세나 될 전망이라고 한다. 암에 걸리거나 사고를 당하지 않는 한 우리는 어쩌면 120세까지 살아내야 될지도 모른다.

지금의 50대는 과거의 30대처럼 외모나 심리상태가 젊고 활기차다. 60대 이상의 어르신들도 겉모습과 삶에 대한 의욕을 보자면 40대 못지않게 에너지가 넘친다. 고인이 된 작가 박완서 님은 요즘 사람의 나이는 자기 나이에 0.7을 곱해야 생물학적 · 정신적 · 사회적 나이가 된다고 했다. 대부분의 사람들이 공감하는 말이다. 그런 식으로 계산해보면 마흔아홉인 나의 정신적 · 사회적 나이는 이제 막 서른다섯인 셈이다. 아이들을 다 키워놓은 서른다섯이라면 하지 못할 일이 무엇이겠는가. 마음은 아직도 스무 살 봄날처럼 풋풋하고, 새로운 인생에 도전하겠다는 자신감과 희망은 넘쳐나니 시작만 하면 무슨 일이든 다 이룰 수 있을 것만 같다.

예전에 TV에서 「아직은 마흔아홉」이라는 드라마를 방영했다. 드라마를 봤는지 제목만 기억나는 건지도 알 수 없을 만큼 오래됐지만, 그 제목이 주던 아쉬워하는 감정만은 지금도 느껴진다. 그때는 마흔아홉이나 되는 나이 앞에 '아직은'이라는 말을 붙이는 그 절실함이 우스웠다. 그런데 그 나이가 되고 보니 마흔아홉은 앞에

'아직은'이라는 부사어를 붙이기에도 한참은 모자라는 나이라는 생각이 든다. 한 세기를 살아내야 하는 긴 인생에서 마흔아홉은 새로운 시작을 꿈꾸기에 결코 늦지 않은 나이다. 스스로를 객관적으로 돌아볼 수 있는 여유로운 나이이기도 하다.

서른이 되기 전에 밖에서 본 마흔아홉은 오십 대가 되기 싫어 버티는 '아직은'이었다. 이제 사십 대의 끝자락에 서서 맞는 마흔아홉은 100년을 살아가야 하는 인생에서 절반도 살지 않은 '아직은'이다. 아직은 하고 싶은 일에 대한 꿈과 기대, 의욕이 넘쳐나는. 건강한 몸과 마음을 소유한 마흔아홉이고 싶다.

(2011. 5)

# 마음을 다스리다

'… 아이들이 짠하네요….'

무심히 바구니의 설문지를 정리하다가 뭔 소린가 싶어 손을 멈춘다. 대충 '이렇게 재미없는 수업에 열심히 참여하는 아이들이 짠하다. 선생님이 원래 짜증이 많은 스타일인지 얼굴에 짜증이 가득한데 학부모 참관수업이라고 참고 있는 게 눈에 보인다. 내용도 없는 뻔한 수업에 시간은 왜 재고 있는지 이해할 수 없다.'라는 내용이다.

공개수업 날, 세 명의 학부모가 왔다. 두 명은 설문지 문항 대부분 '매우 만족'에 체크만 했고, 한 명은 장황하게 써 놓고 갔다.

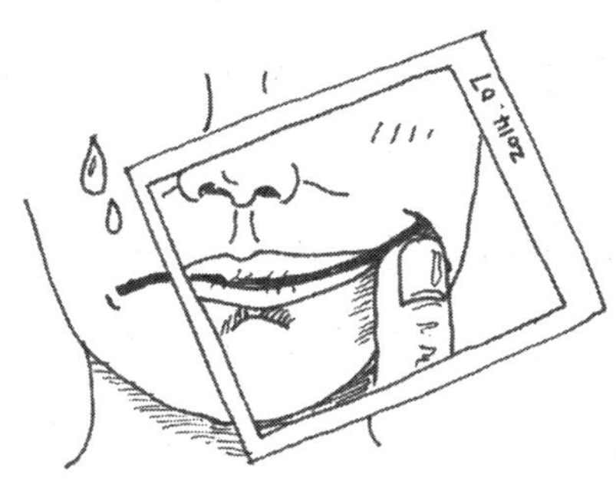

결국 한 사람이 외모부터 수업 내용까지 불평불만만 잔뜩 써 놓고 간 셈이다. 순간 내가 연예인이라 안티가 댓글 써놓은 걸로 착각할 뻔했다. 뭐가 짠하다는 건지, 짜증을 언제 냈다는 건지 도통 모르겠다.

내가 맡은 과목은 방과후 학교 독서토론이다. 발언시간을 제한하는 것은 토론의 기본이건만 시간을 재는 것조차 이해해줄 수 없다니, 그 어머니는 그냥 내가 싫었나 보다. 그날은 '심청은 효녀다.'라는 논제로 학생들을 찬성과 반대 팀으로 나눠 디베이트를 진행했다. 첫 시간에는 입도 못 떼던 아이들이 자기주장과 반박을 하고, 교차질의까지 해내는 모습을 보니 입가에 미소가 저절로 피어난다. 아이들의 변화에 뿌듯한 마음인데 얼굴에 짜증이 가득하다니 어처구니가 없기도 하고 갑자기 자신감이 없어진다.

투덜대는 내게 친구는 수업은 재미없지만 아이들은 열심히 참여했고, 선생님은 원래 짜증이 많은 성격이지만 학부모가 와서 참았는데 뭐가 문제냐고 한다. 듣고 보니 진짜 그런 것 같다. 기분이 좀 나아진다. 사실 세 명의 어머니가 하나씩 불만을 쓰고 나갔다면 문제지만 한 사람만 그렇게 쓰고 나갔다는 사실은 마음을 편하게 한다. 내가 잘못됐다기보다는 그 어머니 성격이 이상하다는 쪽으로 마음이 더 기울기 때문이다. 익명이란 방패 뒤에 숨은 글은 때론 잔인한 폭력이 되어 타인에게 상처를 입히기도 한다. 20분의 준비시간 동안은 아이들 사이를 다니면서 조언을 하는 옆모습만, 디베이트가 진행되는 40여 분은 아이들의 토론 시간을 재고, 의견을 받아 적는 바쁜 내 뒷모습만 봤을 터인데 짜증이 가득한 얼굴이란 평가는 분명 편견일 것이라 위안한다.

인사동 거리를 걷다가 우연히 30여 년 만에 동창을 만났다. 그가 이름을 부르며 다가왔는데도 한참을 못 알아봤다. 턱선이 갸름하고 예쁜 친구였는데 우리 나이의 펑퍼짐한 아줌마로 변신한 그가 낯설다. 카페로 자리를 옮겨 잠깐 이야기를 나누었다. 그냥 바지에 블라우스를 받쳐 입은 평범한 모습인데 어딘지 모르게 삶의 고단함이 묻어나는 것 같다. 남편이 사업을 하는 덕에 고생을 모르고 살았다, 평소엔 벤츠를 타고 다니는데 시내라 전철 타고 나왔다며 궁금하지도 않은 이야기만 한참을 한다. 그 집 금송아지 이야기는 그만 듣고 싶어져서 일어나고 싶지만, 이미 약속시간까지 여유가 있다고 말한 터라 꾹 참았다.

헤어지고 돌아서는데 왠지 기분이 좋지 않다. 그는 정말 잘 살고 있는지도 모른다. 그걸 집에 있는 금송아지로 치부한 건 얼굴에서 고생의 흔적을 찾은 내 편견일 수 있다. 순간 내 얼굴에 짜증이 가득하다던 그 어머니의 글이 소리가 되어 귓가에 맴돈다.

수업이 재미없다는 건 주관적이고 개인차가 있는 거니까 이해하기로 했다. 뻔한 내용이라는 것 역시 심청이라는 소재 탓이려니 하면 그만이다. 그러나 누군가에게 짜증이 가득한 얼굴로 보였다는 것은 문제가 아닐 수 없다. 사람은 나이 들수록 자기 얼굴에 책임을 져야 한다는데 지나간 시간들이 얼굴에 짜증으로 남은 건 아닌지 걱정이 된다. 말을 할 때 미간을 많이 움직이는 습관도, 이마에 주름이 잡히고 팔자 주름이 깊어진 것도, 하다못해 하나 둘씩 보이는 흰머리까지도 신경 쓰인다. 나이 들면서 생긴 주름이 짜증난 얼굴로 보이게 하는 것은 아닐까 싶어 자꾸 거울을 들여다

보게 된다. 나이가 들면 얼굴이 처져서 각이 지는데 젊은 학부모는 그걸 심술보라 생각한 건 아닐까 하는 생각도 든다.

어쩌면 가까운 사람들은 평소의 성격이나 말투를 잘 알기에 미처 신경 쓰며 보지 못할 수도 있다. 내가 그 친구에게 네 얼굴이 변했다고 말하지 못한 것처럼 알면서도 굳이 말하지 않을 수도 있다. 걱정으로 머리를 싸매는 내게 친구들은 쓸데없는 고민 말고 얼굴에 필러를 넣거나 보톡스를 맞으라고 한다. 이마와 팔자주름에 필러를 넣으면 주름이 쫙 펴져서 좋은 인상을 줄 수 있단다. 하지만 이건 필러로 주름만 편다고 해결될 문제는 아닌 듯싶다.

거울을 보며 말을 해 본다. 어쩐지 얼굴에 짜증이 묻어나는 것 같기도 하다. 가만히 웃어본다. 조금 나아진 것 같다. 이제부터 말을 할 때 의식적으로라도 웃으면서 해야 할 거 같다. 남에게 좋은 인상을 주고 있다는 내 착각은 익명을 이용해 독설을 써 놓은 그 어머니에게 오히려 고마운 마음을 가져보려 노력한다. 말하면서 미소 짓는 연습을 하며 상처 입은 마음을 다스리고, 남은 세월은 내 얼굴에 책임을 지며 살리라 다짐한다.

(2014. 7)

# 너는 내가 아닌 것을

비릿하면서도 퀴퀴한 냄새에 코를 킁킁거린다. 전날 물을 갈아주었는데 또 냄새가 날까 싶었지만 영락없이 거북이 수조엔 감마루스가 물에 둥둥 떠 있다. 오전에 거북이 먹이인 감마루스를 주다가 실수로 쏟았다. 평소보다 2배쯤 더 준 셈인데 딱 그만큼이 물에 불어 구린 냄새를 풍기고 있다.

거북이는 장수하는 영물이라더니 자기가 먹을 만큼만 먹으면 더 이상 먹지 않나 보다. 귀찮기도 하지만 한밤중에 거북이의 물을 갈아주느라 아파트 베란다에 물을 흘려보낼 수도 없다. 애써 모른 척하고 TV를 보려고 해도 자꾸만 신경이 쓰인다. 할 수 없이 더운 여름날 냄새를 피해 거실 문을 닫았다.

아침 설거지를 끝내자마자 거북이 수조의 물을 갈아준다. 이젠 거북이가 많이 커서 손으로 꺼내 놓을 수도 없다. 그냥 수조를 옆으로 기울여 물이 맑아질 때까지 버리기를 반복한다. 수조를 옆으로 기울이면 한 놈은 앞발로 끝을 꽉 잡고 떨어지지 않으려 버티고, 다른 한 놈은 그냥 뛰어내리려고 한다. 뛰어내리려는 놈의 등껍질을 꾹 누르며 물을 흘려보낸다. 필경 고상한 카키색에 우아한 무늬를 지니고 버티는 놈이 꼬부기이고, 뛰어내리려고 하는 검푸른 색의 조금 더 큰 놈은 탈출이일 것이다.

두 자 정도의 작은 공간에서 만 19년을 함께 했음에도 두 놈은 신기하리만치 다르다. 처음엔 초록빛의 100원짜리 동전만한 크기의 작은 거북이로 전혀 구별이 안 됐다. 한 놈은 그때도 틈만 나면 어항을 뛰쳐나가려고 해서 이름이 탈출이로 지어졌다. 자연스럽게 얌전한 다른 놈은 당시 아이들 사이에 유행하던 애니메이션 「포켓몬스터」 캐릭터 중 하나인 귀여운 거북이의 이름인 꼬부기를 차지하였다.

그런데 20여 년이 지났는데도 그들의 특성이 변하지 않은 것을 보니 헛웃음이 난다. 20년째 같이 있으면서도 새끼가 없는 것을 보면 동성이 분명하다. 20여 년 동안 같은 공간에서 같은 먹이를 먹은 같은 성의 거북이조차 저렇게 다르다니…. 말도 못하고, 혼자 힘으로는 수조를 빠져나올 수도 없는 거북이까지 성격이 다르다는 사실은 신기하다 못해 경이롭기까지 하다. 하찮은 파충류조차 이렇게 다른데 하물며 감정이 있고 자신의 의지로 돌아다닐 수 있는, 생각하는 사람이 어떻게 다 같을 수 있겠는가 하는 생각이 든다.

작은아이는 외모에 신경을 많이 쓴다. 우리집 스타일이 아니다. 나도 안 바르는 비비크림을 바르고 잡지에서 빠져나온 듯하게 옷을 입기도 한다. 가끔 모자도 쓰는데 젊은 아이들이 보통 쓰고 다니는 야구모자뿐만 아니라 비니며 페도라에 벙거지까지 쓰고 나간다. 도드라지는 걸 싫어하는 내가 눈에 띄게 차려 입고 나가는 아이를 이해하는 건 힘든 일이다.

큰아이는 요즘은 남자가 화장도 하는데 미대 다니는 애가 그 정도도 안 꾸미냐며 예쁘기만 하다고 한다. 그렇다고 해서 큰아이의 옷차림이나 성격이 다 마음에 드는 것도 아니다. 아무 준비가 되어 있지 않아도 지나치게 긍정적이며 낙관적인 작은애에 비해 큰아이는 조심성이 지나쳐 부정적이며 비관적인 경우를 먼저 생각한다. 젊은 애가 왜 저렇게 자신감이 없나 싶어 짜증이 날 때도 있다. 둘의 성격을 딱 섞어 놓으면 좋겠는데 도대체 중간이 없다.

내 맘에 드는 부분만 떼어다가 한 명씩 따로 완성하면 얼마나 좋을까 싶기도 하다.

하긴 거북이가 배불러도 먹이를 주면 또 먹는 머리 나쁜 동물이 아니기에 영물이라 하다가도, 금세 자기 혼자 힘으론 아무것도 할 수 없는 한낱 미물에 불과하다고 여기기도 했다. 영물과 미물이란 판단조차 내 마음먹기에 달린 것이다. 한참을 쭈그리고 앉아 거북이를 바라본다. 골고루 뿌려주었건만 탈출이는 자기 주위에 있는 먹이는 무시하고 우당탕탕 꼬부기 등을 넘어 앞의 것을 먹는다.

아이들의 개성을 인정하지 않고 나에게 맞추려고만 한 건 아니었나 기억을 더듬어 본다. 어쩌면 사랑하기 때문에, 네가 잘 되기를 바라는 마음이란 이유로 내가 정해놓은 길을 가야 한다고 우긴 나는 나쁜 엄마인지도 모른다.

아이들을 사랑한다고 자신하지만 사랑이 곧 이해는 아니다. 이해하기 위해서는 상대방의 입장이 돼 봐야 하는데 그 입장이 되어 봐도 나라면 그렇게 하지 않을 것 같다. 나는 아이가 아니고, 아이는 내가 아닌데 입장을 바꿔본다고 해서 생각이 달라지는 건 아니다. 우리는 주는 먹이를 받아먹는 수조 안 거북이가 아니라 자신의 의지가 있는 주체적이고 자유로운 사람이기 때문이다. 한 부모에게 태어나서 같은 집에서 살고 같은 것을 먹고 같은 가치관으로 대했는데 왜 저렇게 다를까 이해할 수 없던 적도 많다. 결국 이해할 수 없다고 느낀 건 나와 다름을 인정하지 못한 것뿐이다. 내가 원하는 스타일이 아니라 해서 아이의 특성과 재능을 보려고 하지 않았다. 조금 일찍 깨달아야 했다. 지금에야 깨닫게 된 건 아이를 다 키운 자의 여유든가 아니면 돌아갈 수 없는 시간에 대한 포기인지도 모른다.

이 아침, 20여 년을 함께 한 귀찮은 거북이는 '지금 내가 알고 있는 것을 그때도 알았더라면 분명히 더 감사하고 더 행복했으리라'는 시구를 떠올리게 한다.

(2015. 8)

## 횡재

대포 같기도 하고 총 같기도 한 '쾅쾅' 소리에 겁이 덜컥 난다. 사람들은 서부영화에서나 볼 법한 복장으로 거리를 활보한다. 도로에는 말을 탄 사람들이 앞장서고 한 무리의 사람들이 그 뒤를 따르고 있다. 요란한 가운데 평화롭게 느껴지는 이상한 광경이다. 다행히 사람들이 전혀 동요하는 기색이 없어서 안심은 되었지만, 캐리어를 끄는 발걸음은 나도 모르게 빨라진다.

호텔에 도착해 체크인하는데 직원이 우리 보고 운이 좋다고 말한다. 오늘이 1년에 한 번 있는 '론다'의 축제일이라며 밤에는 구시가지 쪽보다 신시가지 쪽에서 구경하는 것이 좋을 것이라는 정보도 주었다. 모든 의문이 풀린다. 5월의 축제일이라 시민들이 전통복장을 하고 축포를 쏘며 말을 타고 다닌 것이다.

짧은 여행기간 중 시골 마을 론다에서 하룻밤을 머물기로 한 건 순전히 한 장의 사진 때문이다. 인터넷 서핑 중 스페인의 국영 호텔인 파라도르의 베란다에서 찍은 누에보 다리의 야경사진을 보는 순간, 그 베란다에서 맥주를 마시며 누에보 다리의 야경을 보는 것을 버킷 리스트에 올렸다. 스페인 여행을 결정하면서 가장 먼저 한 일은 론다의 파라도르를 예약한 것이다. 방에 들어서는 순간 탄성이 터져 나왔다. 바로 눈앞에 누에보 다리가 있다. 협곡 위에 세워진 호텔의 아래는 그대로 절벽이다. 기억을 더듬어 보니 전에 사진을 봤던 블로그에서 파라도르의 가장 멋진 방은 223호라고 한 것 같다. 코너 방이라 앞, 옆쪽으로 다 베란다가 있고 신시가지와 누에보 다리, 구시가지, 협곡을 한눈에 볼 수 있는 환상적인 방이라고 했다. 그런데 운 좋게도 축제가 열리는 주말에 그 방을 차지했다.

신시가지 쪽으로 가니 발 딛을 틈 없이 사람들로 북적거린다. 투우장 근처에 장도 섰다. 각 지역의 특산물도 팔고 먹거리 장터도 열렸다. 줄을 서서 이것저것 먹을 것을 구입하고 자리를 잡고 앉으니 마치 현지인 같은 느낌이다. 그 지역 사람들과 같이 어울려 음식을 먹고 맥주잔을 부딪치며 이야기를 나눴다. 이야기라 봤자 영어 단어 몇 개와 몸짓이 다였지만 신기하게도 의사소통을 하고 있는 것처럼 여겨진다. 흔치 않은 특별한 경험이다. 무심코 바라본 투우장 쪽에 사람들이 줄을 서 있다. 뭔지도 모르면서 무작정 끄트머리에 가 줄부터 서고 본다. 오늘은 축제라 무료개방을 하는데다 투우는 아니지만 마상 쇼가 펼쳐진단다. 원형투우장에 들어가 자리를 잡고 앉아 공연을 봤다. 오늘이 아니었다면 텅 빈 투우장과 전시된 것만 봤을 것이다. 비록 투우가 아닌 말 탄 사람들의 공연이지만, 관객들로 꽉 찬 투우장은 열띤 투우경기를 상상하게 한다. 흥분된 사람들의 고함소리, 펄럭이는 빨간 천이 보이는 듯하다.

다시 사람들이 북적거리는 장터로 나왔다. 어느새 어둠이 내리고 있다. 전망대에서 뿜어 나오는 한줄기 빛과 일직선으로 이어진 초승달은 가슴이 저리도록 아름답다. 보름달이나 반달이었으면 이토록 환상적이지 않을 것 같다. 달마저 협조적이라니 행운이 아닐 수 없다. 사진에서 보고 반했던 그 방, 그 자리에서 그 풍경을 보며 시원한 맥주를 마신다. 앞에는 21개월의 군 생활을 마치고 늠름하게 돌아온 작은아들이 사진을 찍어주고 있다. 미리 계획을 짰어도 이렇게 완벽하지는 못했으리라. 살다보면 아무리 애써도 되지 않는 일이 있고, 아무 생각 없이 한 일에 아귀가 딱딱 맞아떨어지는 경우도 있다. 물론 운수 좋은 날이 그렇게 많지는 않지만 말이다. 평소엔 아무리 기다려도 오지 않던 행운이 이렇게 한꺼번에 찾아오다니 횡재를 한 기분이다.

다음 날 아침, 누에보 다리를 건너 아랍목욕탕으로 가는 길에 '모로 왕의 집'이라는 곳을 보았다. 여행안내 책자에서도 못 본 곳이라 궁금한 마음이 든다. 동굴같이 생긴 곳으로 들어가니 계단이 있다. 아이는 계단은 싫다며 혼자 들어갔다 오라고 한다. 계단은 음침하고 가팔랐으며 내려가도 내려가도 끝이 없다. 다른 사람은 아무도 보이지 않으니 겁이 덜컥 났다. 포기하고 다시 올라갈까 싶었지만 거기까지 내려간 게 아까워서 끝까지 내려가 본다. 협곡의 바닥이다. 바로 눈앞에 절벽이 펼쳐진다. 절벽과 절벽 사이로 보이는 꼭대기에는 하얀 집들이 햇빛을 받아 반짝이고, 바닥에는 초록 이끼가 낀 물이 반짝인다. 호수처럼 보이는 이 물은 과달레빈 강과 연결되어 있다. 그냥 내려오기도 힘든 저 계단을 옛날에는 노예들이 물지게를 지고 올라갔다고 한다.

열심히 사진을 찍어대고 있는데 아이가 "엄마~" 하며 다가온다. 아무리 기다려도 오지 않는 엄마 때문에 할 수 없이 내려오는데 으스스하니 무서웠단다. 그래도 아들이라고 엄마 찾아 내려온 것을 보니 기특하고 든든하다. 아들의 걱정을 한몸에 받은 것도 횡재라면 횡재라는 생각이 든다. 기차표를 예매한 탓에 아랍 목욕탕은 포기했지만, 비에호 다리를 건너 구시가지 골목골목을 둘러보며 돌아가는 길의 하얀 집들과 파란 하늘은 아주 예뻤다.

다시 캐리어를 끌고 상점들이 모여 있는 신시가지의 시내 중심가를 걷는다. 어젯밤 축제의 흔적은 어디에도 없이 벌써 깨끗하게 치워져 있다. 론다의 주민들이 시민의식이 투철한 때문인지 공무원이 부지런한 때문인지 알 수 없지만 마지막까지 아름다운 기억을 남겨준 '론다'는 나에겐 횡재의 도시다.

(2017. 7)

# 마음을 움직이다

가수로 데뷔해 연기를 시작한 남자는 데뷔 시절부터 주인공만 도맡아 하는 여배우에게 연기는 할수록 어렵다고 말한다. 연기경력이 30여 년 되는 여배우는 자기보다 스무 살쯤 어린 남자배우에게 '~하는 척, 그런 척, ~인 척' 연기하다 보면 그 인물이 된다는 조언을 한다. 「꽃보다 누나」라는 케이블 방송 프로그램의 한 장면이다. 문득 남자주인공이 피를 흘리며 말을 타고 비틀비틀 가는 장면이 오버랩된다. 몸은 칼에 찔려 좌우로 흔들거리며 쓰러질 듯한데 그는 느릿느릿 말한다. 좋아하는 척, 보고 싶어 하는 척 하다 보니 어느새 진짜로 좋아하고 그리워하게 되었노라고….

영화 「스캔들-조선 남녀상열지사」의 대사다. 바람둥이였던 남자가 단지 내기의 대상이었던 여자를 유혹하기 위해 좋아하는 척하다 보니 자기도 모르게 진짜가 되고 말았다는 그 고백은 마치 귓가에 대고 속삭이는 것처럼 한동안 마음을 간질거렸다.

책을 읽으면 한 문장이 가슴에 박힐 때가 있다. 내용은커녕 제목도 생각나지 않는 소설은 '이곳은 독일 서부의 작은 마을 S다.'로 시작된다. 이상 문학상 수상작인데 배경이 중요하거나, 풍광이 멋지게 표현된 이야기도 아니었다. 이상하게 소설 속에 묘사된 작은 마을을 꼭 찾아 가봐야 할 것 같아 한동안 독일여행 사이트를 뒤졌다.

몇 년 전인가 『조선일보』에 「푸른 눈물」이란 소설이 연재되었다. 몇 회인지 기억나지 않지만 첫 문장이 '그리운 것은 눈을 감아야 보인다.'로 시작된 적이 있다. 그날부터였을까. 무언가 그리운 게 있을 때는 소파건 침대건 맥 놓고 누워 눈을 감는 버릇이 생겼다. 연재소설을 빼놓지 않고 읽었음에도 단지 그 문장을 다시 보고 싶어서 나중에 『리진』이란 제목을 달고 출간된 그 책을 사서 또 읽었다.

이십 대에 본 영화 「겨울 나그네」에는 화면 가득 하얀 눈이 쌓인 저수지 한가운데 앉아 남자주인공이 낚시하는 장면이 나온다.

마치 액자 속 그림처럼 그 장면은 지금도 선명하게 기억에 남아있다. 영화를 보는 내내 가슴 아팠던 한 인간의 비극적인 삶이 그 장면에 오롯이 담겨 있는 것 같아 아무도 눈물 흘리지 않는 그 장면에서 한참을 울었다. 지금도 화면 가득하던 하얀 눈을 생각하면 가슴이 아려온다.

돌이켜 보면 「스캔들」의 대사가 뇌리에 남은 건 당시 내 마음이 태연을 가장하고 싶었기 때문인지도 모른다. 괜찮은 척, 바쁜 척, 담담한 척하다 보니 정말 아무렇지 않은 듯 생활할 수 있었다. '그리운 것은 눈을 감아야 보인다.'라는 별로 특별한 것도 없는 문장이 가슴에 남은 것 역시 당시의 내 감정 탓이다. 그립지만 볼 수 없는 사람, 그립지만 돌아갈 수 없는 시간들을 되새김이라도 하고 싶던 때다. 아무것도 하고 싶지 않아 핑계 김에 시도 때도 없이 누웠지만 눈을 감고 감아도 보이는 건 아무것도 없었다. 그리운 건 눈만 감는다고 보이는 것이 아니라는 것을 몰랐다. 문장에 담겨 있는 의미를 이해한 건 그로부터 한참 뒤다. 가만히 눈을 감고 누워 있으면 그리워할 시간이, 되새겨 볼 마음의 여유가 생겼다.

세상에 이유 없는 일은 없는 것 같다. 흔히 자식에 대한 본능적인 사랑을 조건 없는 진정한 사랑이라 말한다. 그러나 자식에 대한 무조건적인 사랑이야말로 내 속으로 낳은 내 새끼라는 분명한 이유가 있다. 드라마를 보면 속칭 신분 차이가 나는 남녀가 배경이나 학벌 등을 모른 채 운명적으로 사랑하게 되었기에 헤어질 수 없노라고 부모에게 당당하게 말한다. 그 사랑이 상대방의 배경이나 학벌을 보고 시작된 것은 아닐지라도 외모가 맘에 들었다거나, 내 말을 잘 들어줬기 때문이라는 작은 이유는 있을 것이다.

아무도 울지 않는 장면에서 혼자 울거나, 별 뜻 없는 문장에서 가슴이 무너져 내리는 것은 내 설움이고 내 감정이다. 이런 척, 저런 척, 그런 척한다는 것은 그렇게 하고 싶은 마음의 표현일지도 모른다. 그렇게 되고 싶은 노력이며 그렇게 보이고 싶은 바람일 수도 있다. 아는 척, 잘난 척하다 보니 자료를 찾게 되고 그게 쌓여 진짜로 아는 것이 많은 사람이 될 수 있다, 착한 척하다 보니 어느새 기부천사가 되어 있을 수 있고, 예쁜 척하다 보면 자꾸 꾸미게 돼서 정말 예뻐질 수도 있다. 약한 것을 들키기 싫어서 센 척하다 보면 진짜로 강해질지도 모른다,

예전에 여행 사이트를 뒤지며 꼭 가봐야 할 것 같던 그곳도 기실 독일 서부의 작은 마을 S는 아닐 것이다. 그 마을을 가고 싶던 게 아니라 그저 그 상황에서 벗어나고 싶을 때 '이곳은 독일 서부의 작은 마을 S다.'라는 문장이 눈에 들어왔을 뿐이다. 마음

이 힘들 때 이런 척, 저런 척하다 보면 진짜로 그렇게 되더라는 대사가 귀에 맴돌았고, 떠나간 사람이 보고 싶은 날 '그리운 것은 눈을 감아야 보인다.'라는 문장이 가슴에 스며들었을 뿐이다. 그리고 그것들은 큰 위로가 되었다.

마음을 움직이는 건 어려운 일인 것 같지만 평범한 말 한마디, 하얗게 쌓여 있는 눈, 그저 단순한 한 문장에 움직이기도 한다. 소설의 한 문장을 가슴에 담고, 대사를 되뇌고, 영화의 한 장면을 기억하는 건 그것들이 내 안에 있는 마음을 끄집어내어 다독여 주었음이리라. 결국 마음을 움직인 건 의식 밑바닥에 자리 잡은 내 마음이다. 내 마음을 움직일 수 있는 건 바로 나다.

(2014. 5)

# 2부

# 청춘의 그 자리

살다보면 가슴 한편에 묻어두게 되는 사람이 있다. 때론 그 기억이 스멀스멀 기어 나와 추억에 잠기기도 한다. 그것은 혼자만의 비밀스런 감정이든, 외면 받았던 아픈 기억이든 간에 가슴을 설레게 한다. 미완의 안타까운 감정이 아렴풋하게 아쉬움으로 남아있기 때문이다.

# 마지막 선물

"안녕?"

오른손을 들고 미소를 지으며 반갑게 인사를 하다가 순간 얼음이 된다. 그의 왼팔에 두른 상주의 완장이 눈에 박힌다.

"미안해. 너의 엄마 돌아가셨는데…."

아침에 부고를 전해들을 때부터 예고된 실수인지도 모른다. 돌아가신 분은 대학 동창인 친구의 시어머님이자 내 남자 친구의 어머님이기도 하다. 그들 부부는 어릴 적 교회 친구들이다. 대학졸업 즈음부터 교회에 나가지 않은 나로서는 오늘 상가에서 예전의 친구들을 만나지나 않을까 하는 기대감이 있었다. 저녁에 문상 갈 생각을 하니 아침부터 설레어 고인에게 죄송스러운 마음이 들 정도였다.

장례식장에 들어서면서 식사를 하고 있던 사람과 눈이 마주쳤는데 한눈에 서로를 알아보았다. 마침 붙여놓은 세 테이블에 앉아 있는 사람들이 모두 교회 동기들이다. 반가운 마음에 하마터면 조문도 하기 전에 소란스럽게 인사부터 나눌 뻔했다. 고인에게 인사를 드리고 드디어 그들에게 갔다.

거의 25년 만의 만남이었건만 어쩌면 그렇게도 변하지 않았는지 신기할 따름이다. 오랜만의 만남이라 악수를 하고 안부를 묻는 등 정신없이 인사를 나눈다. 그러다가 우연히 눈이 마주친 동창의 남편, 내 어릴 적 친구를 보는 순간, 손을 내밀기에는 먼 거리라 그만 습관적으로 오른손을 흔들며 안녕이라고 인사를 한 것이다. 그런데 민망함을 감추고자 한 말이라는 게 고작 너희 엄마 돌아가셨는데 미안해라니…. 황당함에 어색한 미소를 짓는 그의 얼굴을 애써 외면한다.

당황스런 마음에 같이 간 동창에게 이 일을 어쩌면 좋으냐고 묻는다. 호상이라 상주도 담담하고 다른 사람들 역시 잔칫집에 온 분위기 같다며 신경 쓰지 말라고 한다. 그러고 보니 모두 상가에 문상 온 사람들이 아니라 마치 결혼식에 축하해주러 온 사람들 같다. 어머님께서 구십 넘어 사신데다 고생도 짧게 하시다 돌아가셨으니 마음 놓고 반가움을 표시하는 것이리라.

강산이 두세 번은 바뀌었을 세월이 지났음에도 우리는 금세 젊은 시절로 돌아갔다. 엊그제 놀다 헤어진 친구마냥 그때의 이야기를 하고, 그 말을 알아들으며 맞장구를 치니 말이다. 어느새 철없던 십 대, 자신감 넘치던 이십 대로 돌아가 '맞아, 맞아. 너 그 때 그랬지'하는 수다를 멈출 수 없다. 남의 상가에서 무례를 범하는 것은 아닐까 신경이 쓰이면서도 나도 모르게 자꾸 웃음이 난다. 순식간에 30여 년 전 그 시절로 돌아가게 하는 추억은 참으로 강한 힘을 가졌다.

문득 임권택 감독의 『축제』라는 영화가 생각난다. 포스터는 초상집임이 분명한데 '살아남은 자의 향연'이라는 카피와 함께 '축제'라는 어울리지 않는 제목을 달고 있어 강한 충격을 받았다. 그 때문인지 영화를 보지 않았음에도 불구하고 상복을 입은 채 환하게 웃으며 단체 사진을 찍은 듯한 포스터가 아직도 생생하다. 당시에는 한 사람의 죽음을, 그를 추모하기 위해 모인 자리를 잔치라도 되는 양 축제라고 표현하는 것을 용서할 수 없었다. 아마도 그 무렵 내 자신이 사랑하는 사람을 잃었기에 더욱 이해할 수 없었는지도 모른다.

인간은 나이 들면서 기억력이 떨어지는 대신 이해력은 높아진다고 하더니만 살다보니 이젠 보지도 않은 영화의 메시지를 알 듯도 싶다. 죽은 사람이 흩어져 살아가는 산 사람들을 모이게 한다는 것이 아니었을까? 바빠서 만나기 어렵던 지인들도 사이가 좋지 않아 왕래가 없던 가족조차도 죽은 자를 중심으로 한자리에 모이게 되니 말이다. 그 자리는 때론 화해의 장이 되기도 하고 만나기 껄끄러웠던 사람들의 만남의 장이 되기도 한다. 물론 그 뒤에야 원점으로 돌아갈 수도 더 나빠질지도 모르지만 말이다.

죽음 앞에서 인간은 누구나 겸손하게 되며 너그러워진다. 삶과 죽음의 경계에서 그가 나와는 다른 세계로 이동된 걸 아는 순간, 그 사람에게 서운하고 안 좋았던 기억은 어느새 잊게 된다. 죽은 이의 장점과 좋았던 기억만 떠오르고, 잘해준 것보다는 못해준 것만 생각나서 미안한 마음이 든다. 아무것도 가져갈 수 없는 죽음을 보며 인생의 무상함을 느끼고 모든 것과 화해하고픈 심정이 된다. 죽음을 지켜보는 순간만큼은 모든 것을 다 이해하고 용서할 수 있을 것 같은 관대한 마음을 갖게 되는 것이다.

객관적으로 아직 세상 떠날 때가 되지 않았는데 사고나 병으로 사망한 상황이라면 문상을 가는 사람들의 마음도 무겁다. 어떻게 위로를 해야 할지, 남아있는 가족들의 걱정에 가슴이 먹먹해진다.

그러나 일반적인 기준으로 한 사람이 인생의 사이클을 완전히 마치고 돌아가는 경우, 자손이 호상이라 말하는 경우에는 마음이 가벼워진다. 물론 아무리 연세가 많다 하더라도 부모님을 떠나보내는 자식의 마음이야 비통하겠지만, 그 역시 부모님의 연세를 감안한다면 미리 마음의 준비를 하고 있던 일일 테니 말이다.

인생이란 태어나는 순간부터 죽음까지가 한 과정이며 죽음은 삶의 마지막 단계이다. 고인에게 인사를 드리는 시간은 돌아가신 분과 남아있는 사람들과의 이별의 시간인 동시에 사랑하는 사람을 잃은 유족들을 위로하는 시간이기도 하다. 삶의 마지막 단계인 자신이 왔던 곳으로 돌아가는 길에서 고인의 명복을 빌어주고 함께 하는 것은 남아있는 사람들의 당연한 몫이다. 그 길에서 각자의 삶을 사느라 만나지 못했던 사람들이 모여 회포를 푸는 것 또한 그 과정의 일부분이 아닐까. 그것은 어찌 보면 돌아가시는 분이 고인에게 인사를 와준, 살아있는 사람들에게 주는 마지막 선물이 아닐까 하는 생각이 든다.

(2010. 10)

# 단짝

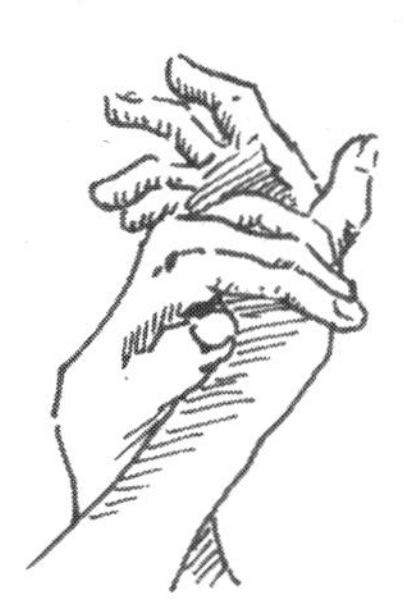

살면서 중요하다고 생각하는 것에는 무엇이 있을까? 가족, 사랑, 돈, 명예, 직업…. 사람마다 가치관과 충족 상태가 다르기 때문에 우선순위는 같지 않겠지만 내용은 거의 비슷할 것이다. 그중 돈이나 권력, 명예같이 변하는 것들은 잃지 않으려고 애쓰지만, 손만 내밀면 잡아주는 가족이나 친구는 소중함에 대해 잊고 지낼 때가 많다.

얼마 전 툭하면 친구들과 놀러 나가는 큰아이에게 쓴소리를 했다가 기분만 나빠졌다. 아이는 유난히도 친구가 많다. 초등학교 친구, 중학교 친구, 학원 친구, 같은 반 친구…. 일주일에 한 번

씩만 만나러 나가도 수험생 아들을 둔 엄마 입장에서는 거의 매일인 것처럼 보인다. 걔네들 중에 네 인생에 도움이 될 친구가 과연 몇이나 될 거 같으냐며 친구를 좀 정리할 필요가 있을 것 같다고 말한다. 친구는 대학가서 얼마든지 만나고, 새로 사귈 수도 있다고 했다. 당연히 아이는 30여 년 전 내가 내 부모에게 그랬듯이 친구를 가려 사귀라는 엄마는 보수 기성세대라고 몰아붙인다. 지금 사귀는 친구는 무시하듯이 말하면서 대학가면 좋은 친구를 사귈 수 있다고 말하는 모양새가 우습기는 했지만 교양을 챙길 형편이 아니다.

"많은 벗을 가진 사람은 한 사람의 진실한 벗을 가질 수 없는 법이래."

"누가 그래?"

"아리스토텔레스"

"헐…."

아직 어려움을 겪어보지 않았고 부족한 것 없이 자란 요즘 아이가 친구는 많다고 좋은 게 아니고 단 한 명이라도 진정한 친구가 있어야 한다는 말의 뜻을 이해하는 것은 어려운 일인 것 같다.

나에게는 정말 소중한 친구가 있다. 고2 때 처음 만났으니 벌써 햇수로 30년을 같이 했다. 생각해 보면 내 인생의 중요한 시점에는 늘 그 친구가 함께 했는데 언제나 그 자리에 있기 때문에 고마움을 느낄 새가 없었다. 부부는 성격이 같으면 같은 대로, 다르다면 서로 보완하면서 살아가야만 하는 관계이다. 사랑하니까 가족이니까 이해하고 맞추면서 살아갈 수 있지만 단짝 친구는 성격이나 생각이 맞지 않으면 오랜 세월을 함께 하기 힘들다. 나와 생각이 다른 사람에게 나의 고민을 털어놓은들 그것을 이해하고 받아들여 주기는 어려운 일이고, 내가 싫어하는 일을 같이 할 수는 없기 때문이다. 그런 의미에서 나와 친구는 너무나 잘 맞는다.

지나간 세월이 주마등처럼 스쳐간다. 여고 2학년 때, 우리 반은 한 달에 한 번 앉고 싶은 자리에 앉는 걸로 자리를 바꿨다. 다른 아이들은 자리를 바꾸는 날이면 새벽같이 학교로 달려가 자기 자리는 물론 짝하고 싶은 아이의 자리까지 선점했다. 그러나 딱히 같이 앉고 싶은 친구도 원하는 자리도 없던 나는 평소와 다름없이 등교했다. 빈자리라고는 창가 쓰레기통 옆뿐이다. 그 자리에 가방을 올려놓는데 나보다 늦게 온 그 친구가 옆에 앉으면서 짝이 되었다. 둘 다 낯가리는 성격 탓에 첫 달은 별로 친하지 못했는데 다음 달에 자리를 바꾸는 날, 또 남들보다 늦게 등교한 우리는 맨 앞자리에 같이 앉게 됐다. 그리고 그다음부턴 아예 뒷문 옆자리를 남겨둔 급우들의 배려(?)로 계속 짝을 했다. 이미 그때부터 우리는 비슷한 부류의 인간이라는 것을 알고 있었던 것 같다.

우리가 다른 선택을 했던 건 대학을 갈 때이다. 남녀공학을 택한 나와는 달리 친구는 여대를 택했다. 서로의 수업이 없는 날이면 상대방의 학교로 갔는데, 한 학기가 다 끝날 때까지 동아리 동기들은 내 친구가 우리 학교 학생인 줄 알았단다.

졸업 후에 나는 여의도 증권거래소 건물의 한국증권전산에, 친구는 거래소 후문 대각선에 있던 주택은행 본점에 근무하게 되었다. 운명의 여신도 우리의 우정을 갈라놓을 수 없었나 보다. 결국 우리는 사회에 나가서까지 매일 만나는 사이가 되었다. 점심시간에 만나서 같이 밥을 먹고, 퇴근 후에는 테니스를 배우고 영어학원에도 가고, 주말에는 영화를 봤다. 둘이 노는 게 너무 바빠서 연애할 틈도 없었다. 연애할 때는 서로 눈치를 봐야 할 정도였다. 데이트하러 가면 한 사람은 할 일이 없게 되니 말이다.

각자의 남편이 학번은 다르지만 같은 대학 같은 과 출신이고 아들만 둘을 둔 것도 같으니 신기하기까지 하다. 비록 타고난 환경은 다르지만 거울을 보듯 비슷한 성격에 후천적 환경까지 비슷하게 맞춰가는 것이 정말 잘 맞는 짝이 아닌가 하는 생각이 들게 한다.

어떤 상황에 부닥쳤을 때 같은 반응을 보이는 서로를 보고 답답해하기도 하지만 웃을 때가 더 많다. 때로는 우리가 서로 다른 단짝 친구를 가졌다면 인생이 조금 달라지지 않았을까 하는 이야기도 해본다. 나이 들어 생각해 보니 지금보다 젊고 예뻤을 때 인생을 더 재미있게 살 수도 있었는데 우리는 무엇을 위해서 그렇게 안 되는 게 많았는지 모르겠다고 낄낄거리기도 한다. 그러나 그때는 똑같이 소심하고 틀에서 벗어나지 못하는 성격 탓에 우리가 재미없게 살고 있는지도 몰랐다. 돌이켜 보면 그렇게 똑같은 친구가 있는 탓에 우린 그 시절을 나름대로 재미있고 행복하게 지낸 것 같다.

흔히 다다익선이라 하지만 마음을 나누는 진정한 친구에 있어서는 이 말이 해당되지 않을 듯싶다. 힘들고 지칠 때, 속상할 때, 가슴에 품고 있기에는 멍울로 굳어져 딱딱한 돌이 될 것 같은 마음을 풀어내고자 할 때, 내뱉는 것은 한 번으로 족하다. 이 사람 저 사람한테 얘기하는 것은 고민을 나누는 것이 아니라 내 상처를 스스로 덧내는 것인지도 모른다. 힘들고 고통스러울 때, 아프고 속상할 때, 결정 못하고 고민할 때, 내 이야기를 들어주고 같이 나눠줄 수 있는 친구가 있다는 게 고맙고 행복하다. 삶을 보다 윤택하게 해주는 진정한 친구가 있는 나는 행운아다.

(2009. 4)

# 지금도 낭만이 있을까

대학교 1학년 때다. 집에 가려고 도서관을 나서는데 비가 내리고 있다. 마침 같은 버스를 타는 선배를 만났다. 나는 선배랑 같이 가면 된다고 하자, 그는 도서관에서 공부를 더 한다며 다시 들어갔다. 먼저 간다고 인사를 하고 복학생 선배의 우산 속으로 들어갔다. 선배는 그가 화난 거라며 들어가서 친구한테 데려다 달라고 하란다. 우리 집이랑 재네 집은 방향이 달라서 같이 가는 게 민폐라고 말했다. 버스 정류장까지 걸어가서 같은 버스를 타고 내릴 때까지 선배는 계속해서 나를 야단쳤다. 도대체 내가 뭘 잘못했다는 건지 그 시절엔 끝내 알 수 없었다.

일요일 아침, 늦은 아침을 먹은 큰아이가 공부하러 학교에 간다고 한다. 휴일에 학교로 공부하러 간다니 당연히 도서관에 가는 줄 알았다. 시험 기간이라 제 방에서 공부하면 나는 거실에서 텔레비전도 못 보고 안방에서 나오지도 못하기에 속으로 쾌재를 불렀다. 웬일로 도서관엘 다 가냐, 군대 갔다 오더니 사람이 바뀌었네 하면서 입가에 흐르는 미소를 감추지 못하고 졸졸 따라다닌다. 그런데 도서관이 아니라 학교 앞 카페에 간단다. 공부하려면 도서관엘 가야지 카페에 가는 게 이해가 안 됐다, 자기는 도서관 체질이 아니라 카페가 훨씬 공부가 잘된다고 한다.

지난주에 '집 앞에 있는 카페에 다녀올게요. 논문 읽을 게 있어서….'라던 큰아이의 문자가 생각났다. 혼자 있는데 집에서 공부하지 카페에는 왜 가냐니까 졸려서 다녀오겠다고 했다. 그땐 그런가 보다 했는데 공부하러 아예 카페로 간다니 이유 없이 짜증이 난다. 공부하러 간다는데 장소 때문에 뭐라 할 수도 없고, 그렇다고 아무 말도 하지 않으려니 답답해서 혼자 중얼거린다. '공부하는 버릇은 잘못 들어 가지고….' 들었는지 못 들었는지 알 수 없지만 들었어도 할 수 없고 못 들었으면 다행이다.

가끔은 아이들의 행동에 납득이 가지 않을 때가 있다. 공부하러 카페에 간다는 소리를 들으니 우리 대학시절이 생각난다. 그땐 시험 기간에 도서관 자리를 잡기 위해 새벽에 학교에 갔다. 친구 자리를 잡아주려고 책상 위에 책을 펼쳐놓기도 하고, 의자에 옷을 걸어두거나 가방을 올려놓기도 했다. 그 탓에 아침에 일찍 가도 빈자리를 찾는 건 쉬운 일이 아니었다. 어슬렁거리며 도서관을 한 바퀴 돌면 주로 서클 친구들이 잡아놓은 자리를 하나 내주곤 했다.

삼십여 년 전 그날, 그는 부탁하지도 않았는데 도서관에 자리를 잡아주었다. 칸막이 자리를 맡아주고 싶어서 전날 서클실에서 잠을 잤단다. 그런데 새벽에 깜박 잠이 들어 칸막이는 못 잡았다며 굉장히 미안해했다. 중앙도서관에 자리 잡아준 것만 해도 감지덕지할 일인데 오히려 미안해하는 그가 내심 불편했다. 그날을 돌이켜보니 마음에 드는 여자에게 환심을 사고 싶어 서클실에서 잠을 잔 그도, 버스에서 내릴 때까지 혼내던 선배도 이해가 간다. 어쩌면 선배에게는 내가 남자를 이용만 하는 여자애로 비춰졌을 지도 모르겠다. 밥 사 줬다고 하는데도 집에 가는 내내 그와 같이 가지 않았다고 야단치던 선배는 아마도 남학생들의 대변자였나 보다.

이런저런 기억을 떠올리다 보니 아들에게도 낭만이 있을까 하는 생각이 든다. 좋아하는 사람의 자리를 잡아주기 위해서 새벽에 도서관에 간 경험도 없고, 항상 핸드폰을 손에 쥐고 있으니 사랑하는 사람의 전화를 놓칠까 밖에 나가지 못하는 경험도 없을 테니 말이다. 요즘 애들은 시도 때도 없이 '카톡' '카톡'하며 문자를 주고받으니 그 심정을 알기나 할까 싶다.

작은아이를 학원에 데려다주고 근처 카페에 들어가 기다렸다. 커피 한 잔을 들고 구석진 자리에 앉는다. 책을 읽다 보니 3시간이 금방 지나갔다. 지금은 그 카페에서 음악이 나왔는지 나오지 않았는지조차 기억나지 않는다. 사람들의 떠드는 소리도 들리지 않았고, 카페 직원들이 오래 있다고 눈치를 주지도 않았다. 경험해보지도 않고 고정관념으로 카페에서 무슨 공부를 하냐고 큰아이에게 중얼거린 게 미안해진다. 하기야 아들이 추억을 쌓고 낭만을 느끼는 건 그 아이가 알아서 할 일이지 내가 관여할 바는 아니다. 먼 훗날, 그 아이는 여자 친구의 도서관 자리를 잡아주는 대신 카페에 앉아 같이 공부한 것을 낭만이라 여길 것이며, 학교 앞 오락실에서 친구와 갤러그 게임을 한 기억 대신 스마트폰으로 애니팡 게임을 함께 한 경험을 추억으로 쌓을 것이다.

남학생이 도서관 자리를 잡아주기 위해 학교에서 밤을 지새웠던 기억은 나에게나 낭만이지 그에게는 도서관 자리만 받아들이고 제 마음은 받아들이지 않은 아픈 기억일지 모른다. 하긴 지금 내 아들이 마음에 둔 여학생의 도서관 자리를 잡아주겠다고 학교 동아리실에서 잠을 잤다고 하면 낭만이고 뭐고 정신 빠진 녀석의 행동에 그 여자애한테까지 화가 날 것 같다. 세월이 흐르면 생각도 흐르고, 세상이 변하면 생각도 변해야 한다. 터치 몇 번이면 모든 정보가 튀어나오는 세상에서 그것도 못 기다려 '빠름~, 빠름~, 빠름~'을 외치는 시대에 공부는 도서관에서 해야 한다고 주장하는 것도 우스운 일이다. 공부야 본인이 집중해서 할 수 있는 곳이라면 카페면 어떻고 공원 벤치면 어떻겠는가.

추억이란 게 원래 무엇을 했느냐보다는 누구와 했느냐가 더 중요할 때가 많다. 예전에는 여자 친구를 집에 데려다주고 비를 맞으며 몇 시간씩 되돌아오던 기억도 낭만이라 여겼다. 요즘 애들이 지나간 시간을 기억할 때는 시간 낭비 없이 그녀에게 우산을 사주고 전철역까지만 데려다준 일을 합리적인 낭만이라 추억할지도 모르겠다.

밖엔 가을비가 추적추적 내리고, 마른 가슴엔 추억이 촉촉이 흘러내린다.

(2012. 10)

# 추억의 힘

와우~ 실베스터 스탤론에 멜 깁슨, 해리슨 포드. 웨슬리 스나입스가 한 영화에 나오는 것도 신기한데 장면이 바뀌니 아놀드 슈왈제네거에 이연걸, 안토니오 반데라스까지 쉴 새 없이 아는 얼굴들이 튀어나온다. 초반 총알이 빗발치고 폭탄이 터지는 바람에 잠시 실망하여 졸다가, 해리슨 포드를 보는 순간 잠이 확 달아난다.

원래 싸우는 액션 영화는 별로 좋아하지 않는다. 더구나 주먹도 아닌 총질을 해대며 사람을 무차별적으로 죽이는 영화는 내 돈 주고는 절대 안 본다. 사실 오늘은 극장 안에 들어올 때까지 영화 제목도 몰랐다. 2주 전쯤인가 친구한테 언뜻 듣긴 했다. 아직 안

본 영화라는 것만 확인하곤 금세 까먹었다. 매달 넷째 주 월요일엔 친구와 영화를 본다. J사 멤버십 혜택이라 우리 의사와 상관없이 주최 측이 정해서 보여주는 거고, 어차피 아직 못 본 신작일 테니 제목은 잘 묻지도 않는다. 핑계 삼아 좋아하는 친구와 한 달에 한 번 고정적으로 만나, 밥 먹고 커피 마시며 수다를 떨고 영화를 보는 것이라 사실 어떤 영화인가는 중요하지 않다.

영화 제목은 「익스펜더블 3」다. 3이 붙은 걸 보니 1, 2편이 있을 텐데 관심이 없어서인지 들어보지도 못했다. 어쨌든 계속해서 나오는 왕년의 액션스타들을 보니 반갑기도 하고 이들을 다 캐스팅하는데 얼마나 많은 돈이 들었을까, 도대체 저 배우들의 나이는 몇 살일까 하는 궁금증에 영화 내용은 이미 뒷전이다.

대학시절 해리슨 포드가 나오는 「인디아나 존스」를 보았다. 계속 매진이어서 간신히 구한 표는 극장의 맨 앞자리다. 그 시절의 극장은 요즘같이 관객을 배려하는 의자 배치가 아니어서 맨 앞자리는 영화를 보는 내내 여간 불편한 게 아니었다. 고개를 약간 뒤로 젖히고 올려다봤는데 영화가 얼마나 재밌는지 한 장면이래도 놓칠세라 두 시간여 동안 한 번도 고개를 들지 못했다. 그때도 해리슨 포드는 아저씨였는데 얼추 일흔은 되었을 지금까지 액션 영화를 찍다니 참 대단하다.

영원한 청춘일 것 같은 '록키' 실베스터 스탤론은 첫 장면부터 약간 실망스러웠다. 알아볼 수 없을 만큼 많이 늙었다는 건 나만의 감정이었을까. 할아버지인 그가 폭파되어 무너져가는 건물의 옥상 위를 죽도록 뛰어 헬리콥터 줄에 매달리는 장면은 보면서도 믿기지 않는다. 지금도 많이 패러디되고 회자되는 명대사 "I will be back."의 주인공인 '터미네이터' 아놀드 슈왈제네거는 원래 미남은 아니지만 얼굴이 많이 망가진 느낌이다. 배역상 일부러 분장한 게 아닐까 싶을 정도로 지저분하고 얼굴에 나이를 잔뜩 품고 있다. 「소림사」의 이연걸은 고작 서너 장면 나오고 대사조차 거의 없어서 할리우드에서 그의 위치가 저것밖에 안 되나 하는 생각에 안타깝기까지 하다.

그래도 80, 90년대 보았던 영화의 주인공들을 한자리에서 다시 보니 예전에 봤던 영화들이 주마등같이 흘러가며 그 시절이 떠오른다. 영화는 추억과 함께한다. 젊은 시절 봤던 영화의 주인공들을 보며 청춘을 추억하고, 그 추억의 힘으로 주름살 가득한 배우들을 다시 보며 행복하니 말이다. 아마도 요즘 젊은 애들은 날렵하지도 않은 몸으로 주름이 가득한 노인들이 총을 쏘며 화염이 가득한 화면을 뛰어다니는 이런 종류의 액션을 보면 돈이 아깝다고 인터넷을 도배할지도 모른다.

이 영화는 과거의 스타들을 캐스팅한 덕에 1, 2편은 제법 흥행에 성공했다고 한다. 우리 나이대의 사람들은 젊은 시절에 봤던 영화의 주인공들을 한자리에서 보는 것만으로도 향수를 느끼는 것 같다. 비록 청춘의 스타였던 그들의 주름진 얼굴과 불은 몸에 다소 실망은 되지만, 그들의 얼굴이 품고 있는 세월은 우리에게도 있다. 스타도 늙는다는 생각, 그들과 같이 나이 들고 있다는 느낌이 과히 나쁘진 않다. 어린 시절 종합선물세트를 받던 기분으로 극장 문을 나선다.

지난 몇 년 동안 멤버십 프로그램을 통해 영화를 많이 보았다. 별 기대 없이 갔다가 뜻하지 않게 재미있게 본 것도 있고, 새로운 세계를 경험하기도 했으며, 처음부터 끝까지 눈을 떼지 못하고 본 스펙터클한 영화도 있다. 그런데 이상하게도 요즘은 재미있게 본 외국영화의 주인공 이름을 기억하지 못한다. 「배트맨」이나 「아이언 맨」 같은 블록버스터급 시리즈물에 나온 배우는 언론에 자주 노출된 탓인지 알아보겠는데, 나머지 영화는 배우 이름은커녕 어떨 땐 내가 봤는지 안 봤는지조차 생각이 안 난다.

20년 후쯤 나이 들어서 지금 나오는 젊은 배우들을 다시 본다면 '재도 예전엔 참 젊고 멋있었는데….'라며 그때도 지금처럼 배우의 이름과 추억을 더듬을 수 있으면 좋겠다. (2014. 8)

# 산행

저 앞에 R과 초등학교 4학년인 그의 늦둥이 아들이 오르고 있다. 뒤를 돌아보니 나와 R만큼 떨어진 거리에서 동기들이 오르고 있는 게 보인다. 같은 시간, 같은 지점에서 출발했음에도 30여 분 만에 거리가 벌어졌다. 주말에 가끔 가족과 산에 오른다는 R이 선두이고, 자칭 트레드밀에서 단련된 튼튼한 하체의 소유자인 내가 그 뒤를 잇는다. 잠시 서서 뒤 일행을 기다릴까 앞으로 빨리 걸어 나갈까 망설이다 조금 속도를 낸다. 생각같이 금세 따라붙어지지 않는다.

30년 전 같은 대학에 입학했을 때, 우리는 같은 출발선상에 서

있던 건 아니었을까. 같은 출발을 했지만 쉰의 나이가 되고 보니 모두 다른 자리에 있다. 사회적으로나 경제적으로 앞선 동기가 있고, 행복한 가정을 꾸리고 사는 친구가 있나 하면 그렇지 못한 친구도 있다. 인생의 어느 지점에선가 한번 벌어진 거리는 점점 벌어질 뿐 웬만해서는 좁혀지지가 않는다. 기를 쓰고 올라도 선두와의 거리가 좁혀지지 않는 산행처럼….

며칠 전 H가 카카오톡으로 단톡방을 개설하여 청계산에 가자고 했다. 시간이 되는 사람, 안 되는 사람 순식간에 정해져서 3월 두 번째 토요일에 여덟 명이 가기로 했다. 세상이 날로 발전하니 아날로그적 감성이 아쉬울 때도 있지만 이럴 땐 참 편하다. 전 같으면 총무가 이 사람 저 사람에게 전화나 문자를 해서 시간이 안 맞으면 다른 날짜를 정해서 또 연락하고 했을 텐데 말이다. 개설된 채팅방으로 아무 때나 들어와서 본인이 그날 사정이 있어서 못 간다거나 다른 날을 제안하기도 하니 쉽게 약속이 잡힌다.

강북 사는 친구가 청계산은 너무 멀다며 도봉산이나 수락산은 어떻겠냐고 제안했다가 단칼에 거절당했다. 분당과 강남, 강북에 사는 사람들을 모두 배려해서 중간 지점인 청계산으로 잡았다는 이유에서다. 새로 개통된 신분당선을 타면 분당 정자에서 서울 강남까지 20분도 걸리지 않는다며 친절하게 교통안내까지 한다. 강북에 사는 나 역시 신분당선 타러 강남역 가다가 쓰러질지도 모르는 나이 쉰이라고 투덜댄다. 전화로는 이미 결정난 장소라 투덜거리는 게 무의미하지만 다 같이 보는 문자인데다 뾰로통한 이모티콘까지 첨부해서 보내니 마치 앞에 앉아 이야기하는 것처럼 느껴진다.

청계산 매봉에서 인증샷을 찍은 후 조금 내려와 자리를 잡았다. H가 산에 오르면 막걸리를 마셔야 한다며 막걸리와 어젯밤에 사서 준비했다는 족발을 주섬주섬 꺼내 놓는다. 무겁게 별걸 다 싸 왔다고 지청구를 놓으면서도 너나 할 것 없이 뼈까지 핥아먹었다.

입가심으로 초콜릿까지 받아 하나씩 입에 물고 산을 내려온다. 올라갈 때는 산삼을 먹었느냐 녹용을 먹었느냐 하는 소리를 들을 만큼 재빠르게 올라갔건만 내려와 보니 꼴찌다. 빠르게 올라간다고 해서 빠르게 내려오는 것도 아니고 출발이 늦다고 해서 늦게 도착하는 건 더욱 아니다.

대학을 졸업할 당시에는 대기업이나 금융회사에 취직해서 모두의 부러움을 받았지만 일찍 직장을 그만둔 친구도 있다. 그때 취업이 뜻대로 안 되어 대학원에 간 동기는 지금 대학교수가 되어 철밥통을 끌어안고 산다는 부러움을 받기도 한다. 인생의 절반 이상을 살았지만 누구의 인생이 성공이고 실패인지는 그 어느 누구도 자신 있게 말하지 못한다. 하행 길에 오늘 참석지 못한 친구의 건강 악화 소식을 들었다. 지난 모임에서 건강한 모습을 봤고, 평소 술도 잘하지 않는 친구라 의외였다. 세상에 자신할 수 있는 건 아무것도 없다는 생각이 든다.

문득 지난 모임에서 이 친구와 나누던 대화가 생각난다. 큰애는 군대에 보내고 작은애는 학원에서 늦게 오니 하루가 너무 길고 심심하다고 했다. 내 말에 그는 우리가 2주에 한 번씩만 놀아줘도 너는 매일 다른 애들과 놀 수 있겠다며 자기들이 희생하겠다고 한다. 말이 채 끝나기도 전에 너희들과 일대일로 다니는 건 창피하다고 코웃음을 친다. 우리가 예전에는 찌질했지만 지금은 최소한 대기업 중견간부들인데 그 정도면 같이 다닐 만하지 않느냐고 되묻는다. "시끄러! 난 인물 봐." 하니 거기엔 더 이상 할 말이 없단다. 어쩌면 그렇게 옛날과 똑같으냐고 하여 같이 웃었다.

그때 입 밖으로 내진 않았지만 마음속으로 대답했다. 너희들이 마른버짐 피던 남자애가 아니고 대기업 중견간부로 보이면 낯선 아저씨로 느껴지지 않겠냐. 그냥 집에서 살림만 하는 펑퍼짐한 아줌마일지라도 너희들에게 나는 도도하던 스무 살 여자애이기 때문에 우리가 친구 아닐까. 앞으로 손자들이 우리가 처음 만난 그 나이가 되더라도 나는 영원히 너희들의 공주(?)이고 니들은 그저 찌질하던 남자애일 뿐이란다.

과거의 어느 날, 같은 출발선상에 있던 우리지만 지금은 다 다른 위치에서 다르게 살고 있다. 그러나 그 차이에도 불구하고 삼십여 년 전과 똑같이 행동하고 그것을 이해해 줄 수 있기에 우리는 오늘, 같이 산에 올랐다. 먼저 오른 사람이 꼭 먼저 내려온다는 법칙이 없기에 산은 오를 만하고, 인생도 살 만한 것이다. 벌어진 거리만큼 기다려 주고 결국은 한곳에서 만나 다시 함께 가는 우리는 친구다.

(2012. 3)

# 청춘의 그 자리

살다보면 가슴 한편에 묻어두게 되는 사람이 있다. 때론 그 기억이 스멀스멀 기어 나와 추억에 잠기기도 한다. 그것은 혼자만의 비밀스런 감정이든, 외면 받았던 아픈 기억이든 간에 가슴을 설레게 한다. 미완의 안타까운 감정이 아련풋하게 아쉬움으로 남아있기 때문이다.

내 첫사랑은 대학 1학년 때, 같은 교회를 다니던 학교 선배였다. 그의 웃는 얼굴은 심장을 두근거리게 해서 함께 있는 게 불편하다는 생각을 한 적도 있다. 가끔은 밥도 같이 먹고 영화도 보고 어떨 땐 학교 벤치에 앉아 이야기도 나누었다. 그런데 어느 여름

날부터 전화는 오지 않았고 따로 만나는 일도 없어졌다. 학교나 교회에서 만나도 딱히 할 말이 없어서 “안녕하세요?”라는 인사밖에 할 수 없는 사이가 되었다. 그 사람은 그렇게 내 삶에서 사라지기 시작했고, 산울림의 노래 가사처럼 ‘풀리지 않는 수수께끼’로 남았다.

내가 만날수록 좋아지고 보고 싶어지는 사람이 아니라 갑자기 연락을 끊을 만큼 실망을 주는 사람이라는 사실은 가슴 속에 상처로 자리 잡았다. 그 시절을 떠올리면 우리가 사귄 건지, 아니면 단순히 선배로서 잘해준 건지 궁금해지곤 했다. 처음엔 그도 나한테 좋은 감정이었다고 생각했는데 시간이 지나면서 자신이 없어졌다. 차라리 짝사랑이었던 편이 마음이 덜 아팠기 때문에 그렇게 기억을 만들어냈는지도 모른다.

몇 년 전, 친정집을 수리할 때 동생이 보물을 발견했다며 처녀적 일기장 몇 권을 갖다 주었다. 뭔가 들뜬 마음으로 소중하게 읽기 시작했지만, 낯 뜨겁고 누가 볼까 두려워 이내 태워 버렸다. 그리고는 까맣게 잊고 있었다. 얼마 전 옷장을 정리하다가 옷들 사이에서 비닐에 싼 낡은 일기장을 발견했다. 아마도 대학 1학년 때의 일기장을 훑어보다가 나중에 보려고 남겨두었나 보다. 지나간 내 삶을, 내 감정을 들여다보는 일은 끝없이 얼굴을 달아오르게 한다. 스무 살 여자애의 솔직한 감정은 당황스럽고 낯설기까지 하다. 그러다가 삼십여 년 믿고 있던 일들이 진실이 아니라는 사실에 깜짝 놀랐다.

당시에 그는 편지도 주고 나름대로 표현을 하긴 했다. 그러나 에둘러 말하고 좋아한다거나 사귀자는 직접적인 의사 표시가 없으니 긴가민가하고 말았던 것 같다. 1학기가 끝날 즈음에 내가 졸업한 여고와 어느 남고와의 연합동문회가 있었다. 그는 사람들이 조금밖에 안 오면 7시까지 학교 앞으로 오라고 했다. 우리 학교 졸업생은 두 명밖에 오지 않아서 오히려 중간에 나오질 못했다.

다음 날 교회에서 만난 그가 인사를 하는 나를 화난 표정으로 제대로 쳐다봐주지도 않았단다. 그날이 실제적인 마지막이었나 보다. 그런데 이상하게도 그동안 나에겐 이날의 기억도, 편지를 받았던 기억도 전혀 없었다.

지난날을 돌이키면 갑자기 연락을 끊은 그가 이해되지 않았는데 이제야 그 수수께끼를 풀게 됐다. 그날 그 사람은 학교 앞에서 밤늦도록 서성이며 오지 않는 그녀를 기다린 것이다. '사람이 조금밖에 안 오면…'이라는 말을 오게 되면 오고, 말게 되면 말라는 뜻으로 받아들여 약속으로 생각하지 않았다. 지금 이렇게 한 발짝 물러나니 한눈에 보이는 걸 그때는 기다렸으리라는 생각을 전혀 하지 못했다. 어린 나는 내 입장에서 나 편한 대로만 생각했을 뿐, 상대방의 마음을 헤아리거나 배려할 줄은 몰랐다. 어쩌면 내 첫사랑은 그를 사랑하기보다는 사랑이라는 감정 자체를 사랑한 게 아니었나 하는 생각이 들기도 한다.

예전에 본 「오! 수정」이라는 영화가 떠오른다. 영화에 미세한 차이로 같은 내용이 두 번 반복되는 장면이 있다. 남녀가 같은 사건을 기억하는데 내용은 각자가 기억하고 싶은 대로여서 무릎을 쳤었다. 인간은 자기가 기억하고 싶은 것만을 기억한다더니, 내가 기억하는 것이 다 진실은 아니다. 결국 상처는 상대적이다. 나만이 상처를 입었다고 생각했지만 나로 인해 그 역시 상처를 지녔다. 오래전 그 밤, 그 사람 가슴에 난 생채기는 세월이 흐른 지금까지 흐릿한 상처로 남아 있을지도 모른다.

아주 잠깐 과거의 그 어느 날로 돌아가서 갑자기 차갑게 대하는 이유가 뭐냐고 물었더라면, 그의 화를 풀어줬더라면 하는 생각을 해 본다. 그랬던들 달라진 건 없을 것 같다. 아마도 인연이 아니었겠지. 인연이 아닌 눈치 없고 소심한 두 사람은 시간이 흘러도 결국은 헤어졌을 것이다. 그랬다면 가끔 들춰보던 가슴 떨리던 기억도 아련한 첫사랑의 추억도 없었으리라.

미련할 정도로 눈치 없던 그 시절에 세월은 '순수'라는 색채를 덧입힌다. 낡은 일기장을 뒤적이다 보니 그때의 떨림이 느껴진다. 인생이라는 퍼즐 속에 한 조각으로 남은 지난날의 풋사랑을 기억하기 때문일 것이다. 지금 그리운 건 그 사람이 아니라 그를 보면 가슴 떨리던 젊은 날의 내 모습, 청춘의 그 자리다. 지나간 시간을 떠올릴 추억이 있다는 건 행복한 일이다.

(2010. 5)

# 우리들의 기억법

그날을 똑똑히 기억하고 있다거나 마치 엊그제 일어난 것처럼 생생하게 기억하고 있다고 자신하는 일들 중에 객관적인 진실은 얼마나 될까. 동문 모임에서 내 전화번호를 알았고, 수필가로 등단했다는 소식을 들었다며 K선배에게서 문자가 왔다.

학교 다닐 때 특별히 친분이 있던 건 아니라 의외긴 했지만 오랜만이라 반가웠다. 선배는 소설을 쓰고 있는데 같이 글 쓰는 일을 한다니 반가워서 연락했다고 한다. 글 쓰는 일을 한다고 말할 수준이 못 되어 민망했다. 언제 기회가 되면 선배의 소설을 읽어 보고 싶다는 의례적인 답문을 보냈다. 그런데 이메일 주소를 묻더니 바로 원고를 첨부파일로 보내온다.

간혹 친구들이 독자를 자청하며 메일로 글을 보내 달라고 할 때가 있다. 개별적으로 따로 보내는 건 부끄럽고 쑥스러워 해 본 적이 없다. 졸업 후 이십몇 년 만에 문자로 연락한 후, 곧바로 자신의 소설을 보내는 선배의 행동은 당황스럽기도 하고 한편으론 고맙기도 했다. 작품에 대해 왈가불가할 만큼 친숙한 사이도 아니고, 잘 읽었다는 짤막한 메시지만 보내는 것도 예의가 아닌 것 같다. 끝까지 다 읽었다는 표시는 내야 할 거 같아서 1999년의 PC 통신시대 배경에 2000년대 인터넷 세대가 쓰는 용어를 사용했고, 당시에는 방과후 강사 대신 특기적성교사라는 말이 쓰였다는 의견을 보냈다.

선배는 작품을 읽고 긴 감상문을 보내주어 고맙다는 말과 함께 문득 떠오른 예전 기억 하나를 보내주었다. 자신의 동기인 C가 DJ로 있던 다방에서 이유는 기억나지 않지만 내가 울고 있었고, 그날 셋이서 막걸리를 마셨다는 이야기다. 그런 적이 있었나 하다가 갑자기 궁금해진다. 그날, 나는 왜 울고 있었을까? C선배와는 나름 친했는데 그가 DJ를 했던 기억이 왜 전혀 없는 걸까? 그것도 거의 출근 도장을 찍다시피 하던 서클의 아지트, 고려다방이라는데 말이다. 내가 잃어버린 기억은 과연 무엇일까?

몇 해 전에 대학 1학년 때의 일기장을 발견했다. 스무 살 시절엔 무척 괴로웠던 일이었음에도 불구하고 지금은 생각나지 않는 일들이 몇 개 있었다. 그러나 내가 쓴 내 감정, 내 일이었고, 일기를 다큐로 쓰던 습관 때문인지 전혀 기억나지 않을 것 같던 삼십여 년 전 일들도 읽다 보니 대부분 기억났다. 타임머신을 타고 그 시절로 돌아간다 해도 어쩌면 내 성격엔 똑같은 선택을 할지 모른다는 당위성까지 부여할 정도이다. 물론 그런 일이 나한테 일어난 적이 있기나 한지 전혀 기억나지 않는 일도 있다. 당시에도 잃어버린 기억들엔 또 뭐가 있을지 궁금했다.

일기장 속의 일들은 내 기록이라 생각하다 보면 더러 기억나기도 했지만 다른 사람 기억 속의 나는 아무리 생각해도 더 이상 떠오르지 않는다. 전혀 기억나지 않는다는 내 말에 선배는 또 다른 기억 하나를 전한다.

누군가의 결혼식에서 만난 내가 아들을 낳았다고 자랑하며 선배는 아직도 아이가 없냐고 물었단다. 당시에 자신은 불임클리닉을 다니고 있었는데 말이다. 나하고는 기억을 공유하는 부분이 적음에도 짙은 기억이 있다는 문장을 보는 순간 머리를 세게 얻어맞은 것처럼 멍해진다. 아마도 졸업하고 몇 년 만에 만나는 선배에게 인사말로 결혼은 했냐고 물었을 테고, 결혼했다니까 아이는 있냐고 물었을 것이다. 아직 없다는 말에 나는 아들이 하나 있다거나 낳은 지 얼마 안 돼서 붓기가 덜 빠졌다는 말 정도를 하지 않았을까. 결국 기억할 필요도 없는 일상적인 대화가 선배에게는 잊지 못할 상처로 남은 셈이다.

추석 때, 군에 간 아들을 면회 가서 엉덩이가 배길 정도로 하루 종일 이야기를 나눴다. 그동안 단둘이 그렇게 오랜 시간 이야기를 나눈 적은 없다. 시시콜콜한 옛날이야기까지 하다가 아들이 나한테 서운한 적이 있었다며 말을 한다. 언젠가 동생이 엄마한테 버릇없이 대들어 꾸짖었는데, 네가 뭔데 내 아들한테 소리지르냐며 오히려 자기를 혼냈단다. 술 마시고 친구들한테 그 이야기를 하면 모두들 엄마가 계모냐고 물었단다. 언제 그랬냐고 되묻다가 그 상황이 기억났다. 엄마 편을 든답시고 동생을 나무라는 큰 애가 더 시끄러워서 내 딴에는 우스갯소리로 상황을 종료한 적이 있다. 그 무렵 엄마 속을 썩이는 아들에게 아버지가 왜 내 여자 힘들게 하냐고 말하는 드라마를 봤다. 나름대로 그 대사를 패러디해서 상황을 유머러스하게 정리했다는 내 기억은 아들에겐 지워지지 않는, 상처로 얼룩진 아픈 기억이었다.

지금 내 가슴에 남아 있는 서운한 기억들 중에는 상대방은 기억조차 못하는 악의 없는 말이나 행동이 있을 수 있다. 별것 아닌 일을 자존심 상해가며 상처로 받아들이고, 세월과 함께 각색하여 잊지 못할 영화의 명장면으로 기억하고 있는지도 모른다. 반면에 누군가의 기억에는 내가 무심히 던진 말 한마디가 가시가 되어 박혀 있을 수도 있다. 어쩌면 우리들의 기억법은 남에게 받은 상처는 내 마음대로 편집해서 가슴 깊숙한 곳에 보관하고, 타인에게 준 상처는 스스로를 변호하며 잊어가는 것인지도 모른다.

모두에게 같은 기억인 온전한 진실은 없다. 순간의 유머로 기억되는 일 뒤에 그의 상처가 숨어 있고, 기억조차 남아 있지 않은 대화 속에 그의 눈물이 살아 있다는 불편한 진실이 있을 뿐이다

(2011. 9)

# 가지 않은 길

가지 않은 길은 아쉬움을 남긴다.

요즘 나도 모르게 길에 꽂혔다. 여행을 가거나 하다못해 집 앞 산으로 산책을 나가도 핸드폰의 갤러리를 보면 어느새 길이 찍혀 있다. 때론 양옆으로 쭉 뻗어 있는 나무들 사이를 걸으며 찍기도 하고, 물 위의 징검다리나 나무다리를 찍기도 한다. 그리고 대부분은 가지 않은 길을 찍는다. 길을 걷다 양 갈래 길을 만나게 되면 길은 나에게 늘 선택을 권한다. 가지 않은 길은 미련을 남기고 때론 후회로 남는다.

원서문학관은 시인인 오탁번 교수님이 사재를 털어 폐교가 된

천여 평 규모의 백운초등학교 애련분교를 인수하여 세운 개인 문학관이다. 폐교에 자리 잡았다는 정보만 갖고 도착한 원서문학관은 잘 꾸며진 정원과 아담한 교사로 인해 예전에 학교였다는 생각이 전혀 들지 않는다. 교수님은 마당까지 나와 반갑게 일행을 맞았다. 30년 전 대학에 입학해서 교수님을 처음 뵈었을 때는 지금의 나보다도 젊은 분이었다. 이제 그 시절의 교수님보다 훨씬 더 나이들은 중년의 제자가 옛 은사님을 뵈니 감회가 남다르다. 머리가 허옇게 센 노교수님에게서 '자네'라는 호칭을 듣는 순간 빛의 속도로 삼십여 년의 세월을 거슬러 올라가 스무 살 신입생의 설렘이 느껴진다. 딱히 눈에 띄는 학생이 아니었기에 기억하지 못하시리라 생각했다. 보는 순간 자네라고 불러주시니 감사하기도 하고 그 기억력이 부럽기도 하다.

예전에 학교였던 아담한 단층 건물의 입구엔 '원서헌'이라는 멋진 나무 현판이 달려 있다. 실내화로 갈아 신고 복도에 발을 디디니 마치 어린 시절 초등학교에 들어선 기분이다. 교실이 세 개뿐인 학교를 보니 옛날에 이곳이 얼마나 깊은 산중이었는지, 시내와 멀리 떨어진 곳이었는지 상상이 간다.

첫 번째 교실은 교수님이 서재로 쓰면서 글도 쓰고, 손님을 맞는 용도의 방이다. 컴퓨터 바탕화면에 외손녀의 모습이 있다. 창문에도 외손녀 사진이 잔뜩 붙어 있다. 교수님 역시 보통의 할아버지와 다를 바 없다는 생각이 든다. 교실엔 『시안』에서 출판한 판매용 시집과 입장료 대신 책값을 넣어 달라는 메모가 붙은 자율 계산통이 있다. 알아서 책값을 넣으라는 말에서 시인의 자존심이 느껴지는 건 나만의 생각일까. 아침저녁으론 쌀쌀해서 난로를 피워야 한다는 말에 왠지 속세와 떨어진 곳이라는 느낌이 든다. 종이컵에 수돗물로 끓인 커피를 마시며, 교수님의 지나간 시간들과 폐교를 사들였을 때 사람들의 반응을 들었다.

어느 인터뷰에선가 교수님은 나이가 들어 하던 일에서 물러나는 그때가 진짜 자신이 하고 싶은 일을 시작할 때라고 했다. 원서헌의 문을 열며 "스물아홉, 아무것도 하지 않고 글만 쓰자던 그때의 꿈을 이제야 이루려 합니다."라고 했던 교수님은 등단, 미 등단 문인을 대상으로 문예창작교실도 열었다. 교수님이 가난했던 시절 벗어나고 싶었던 고향으로 돌아와 문학관을 세운 이유가 짐작이 간다.

두 번째 교실은 시인들의 애장품, 시집과 평론집, 1950년대 초등학교 교과서 등 오래된 책들이 전시되어 있는 자료실이다. 복도에 걸려있는 시인들의 사진과 육필 원고 등을 둘러보며 세 번째 교실로 들어갔다. 고려대에서 기증받았다는 책걸상이 30여 개 놓여 있는 세미나실이다. 책상과 의자가 붙어 있는 낡고 오래된 책걸상과 시인들의 육필 원고와는 어울리지 않는 깨끗한 어린이 그림책이 책꽂이에 가득하다. 이곳에서 시인 할아버지가 아이들과 함께 책을 읽고 문학을 이야기하는 모습이 그려진다. 매년 여름 어린이 시인학교도 열린다고 하니 이곳은 훗날 위대한 시인의 탄생을 맞는 마중물인지도 모른다.

사람은 누구나 유년 시절을 떠올리고, 고향을 그리워한다. 퇴직 후 자연과 함께 하는 귀농생활을 꿈꾸기도 하고, 문인들은 자연과 벗하는 조용한 시골에서의 창작활동을 꿈꾸기도 한다. 그러나 그것을 행동으로 옮기는 사람은 흔치 않다. 자신이 다니던 초등학교, 그것도 사람도 얼마 없고 도심과 멀리 떨어진 작은 분교의 폐교를 사들여 문학관을 세우는 일은 아무나 가는 길이 아니다.

시인의 남다른 선택은 그곳에 있는 시 전문 계간지 『시안』에서도 볼 수 있다. 교수님이 15년 전에 창간한 『시안(詩眼)』은 시를 보는 안목과 식견이라는 뜻이라 한다. 제목에서부터 시에 대한 시인의 사랑과 자부심이 느껴진다. 2012년 봄 호는 가로쓰기에 익숙한 디지털 시대에 어울리지 않게 세로쓰기로 되어 있다. 시를 찬찬히, 천천히, 느리게 읽자는 뜻으로 세로조판을 택했는데 읽기 싫으면 읽지 말라는 배짱도 있었다 한다. 시를 귀하게 쓰고 귀하게 읽자는 마음이 전해진다. 팔리는 시집보다 읽히는 시집을 만들고 싶은 것 또한 시인의 꿈이었으리라.

돌아오는 차 안에서 모두들 창밖을 향해 손을 흔들며 인사를 한다. 누군가 교수님의 표정이 쓸쓸해 보인다고 했다. 모두가 떠난 후에 혼자 남겨질 교수님의 고독이 가슴에 와 닿는다. 문득 노교수는 왜 남들이 가지 않은 길을 택했을까 하는 의문이 든다. 교수님은 학생들을 가르치기 시작한 스물아홉부터 온전히 창작생활만을 하는 삶을 꿈꾸었고, 나이가 들면 옛날 선비들이 낙향하여 후학을 가르치고 봉사한 것처럼 고향에서 후진을 양성하고 싶었다고 했다. 꿈꾸는 것으로만 그친다면 늘 가지 않은 길에 대한 아쉬움이 남을 테고, 그건 인생 자체에 대한 후회로 남을지도 모른다. 교수님은 가지 않은 길에 대한 미련보다는 후회하지 않는 삶을 택한 셈이다.

돌아오는 길 내내 '인간은 무엇으로 사는가?'라는 물음이 머릿속을 맴돈다.

(2012. 5)

# 언제부터였을까

베란다 앞 국기봉에 국기를 꽂다가 잠시 망설인다. 이 망설임은 삼일절과 광복절에도 마찬가지였다. 위를 올려 봐도 아래를 내려 봐도 국기를 단 집이 없기 때문이다. 어느 날 갑자기 국기 하강식이 없어진 것처럼 국경일에 국기를 달지 말라고 한 걸 나만 모르고 있는 건 아닌가 걱정이 된다. 다행히 옆 라인의 한 집에 국기를 단 것이 보여 안심하고 국기를 꽂는다. 국경일에 국기를 다는 당연한 일이 이렇게 망설여지고 어색한 일이 된 건 언제부터였을까.

고2 때인가 학교에서 국기 담당을 맡았다. 매일 아침 등교하면

국기 게양대에 국기를 올리고, 하교 때는 내려서 곱게 접어 함에 넣었다. 조회 때 애국가가 울려 퍼지면 모든 선생님과 학생들이 내가 올리는 태극기를 바라보며 국기에 대한 경례를 한다. 쑥스럽긴 했지만 국기를 관리한다는 자부심에 왠지 모를 뿌듯함까지 느꼈다. 거기까지는 좋았는데 문제는 비나 눈이 올 때다. 비나 눈이 오면 수업 중이라도 국기 게양대의 태극기를 내려야 한다.

갑자기 비가 내리기 시작하면 아무리 무서운 선생님의 수업시간이라도 살짝 일어나 교실 밖으로 뛰쳐나갔다. 비가 쏟아지면 그나마 다행이다. 가랑비라도 약 올리듯이 살짝살짝 뿌리면 나갈까 말까 갈등하느라 수업은 뒷전이다. 또 한 명의 담당자가 같은 반이 아니라 서로 눈짓을 주고받을 수도 없다. 선생님의 눈치를 보다가 조금 늦게 나가면 어느새 그 친구가 먼저 내려 허탕을 칠 때도 있다. 월·수·금, 화·목·토나 짝수, 홀수 날로

당번을 정해도 됐는데 지나친 책임감이었는지 미처 그런 생각을 할 머리가 없던 건지는 기억나지 않는다.

70~80년대 배경의 드라마나 영화를 보면 극적인 장면에 국기 하강식이 등장한다. 서로 사랑하지만 어쩔 수 없이 한 사람이 떠나려 할 때, 뿌리치는 그녀를 잡으려 따라가다 보면 어김없이 애국가가 울려 퍼진다. 앞서가던 사람은 국기에 대한 예를 표하기 위해 등을 돌리고 그들은 마주서게 된다. 주위의 모든 사람들이 오른손을 가슴에 대고 국기만을 바라보며 정지되어 있을 때, 마치 마법처럼 그만이 움직여 그녀 앞으로 걸어간다. 서로의 눈을 응시하던 두 사람은 마침내 포옹하고, 애국가가 끝나고 사람들이 움직이기 시작하면 그들의 사랑도 다시 시작된다.

언제부턴가 국기 게양식이나 하강식이 없어졌다. 극장에서 영화가 시작되기 전에 울려 퍼지던 애국가와 대한 뉴스도 사라졌다. 올림픽을 치르면서 국기는 아침에 올리고 저녁에 내리는 의식이 없어진 대신 공공건물이나 거리에 24시간 게양한다.

2002년 월드컵은 손에 손에 태극기 깃발을 흔드는 붉은 악마와 함께 태극기 패션도 등장시켰다. 비나 눈도 맞아서는 안 되던 태극기가 응원의 도구가 되고, 젊은이들의 패션이 되었다. 태극기를 탑으로 섹시하게 입기도 하고 망토로 몸에 걸치기도, 머리띠로

두르기도 한다. 예전엔 더러워져도 함부로 물로 빨지 못하고 구겨도 안 되던 국기로 몸을 휘감고 장식을 하는 게 애국의 표현이 되었다.

국기와 국가에 대해 예를 갖추는 것이 애국이었던 시절에서 일상에서의 친숙한 국기 사용이 애국인 시절로 바뀌었다. 국기를 국가(國家)와 동일시하고 신성시해서 평소에는 집안에 잘 보관하다가 국경일에나 집 앞에 달던 태극기와 평상시 패션으로 응용해서 일상화된 태극기, 어느 것이 더 나라를 생각하게 하고 어느 것이 더 옳다고 잘라 말할 수는 없다. 모든 일엔 일장일단이 있기 마련이다.

"나는 국경일 하루만 대한민국을 사랑하고, 축구를 보는 90분만 대한민국을 사랑하고, 묵념하는 1분만 대한민국을 사랑하고…. 뭐 그러면서 '당신의 나라 사랑'은 어떻습니까?"라고 끝나는 내용의 공익광고가 있다. 그 광고를 보면 뭔가 마음이 불편하다. 아니 그 정도면 됐지, 1년 365일 나라 사랑하는 마음을 가져야 한다는 말인가 반감이 생긴다. 당연한 것도 강요하면 하기 싫은 것이 사람 마음이다. 스포츠를 보면서 목이 터져라 대한민국을 응원하는 것도, 독도는 우리 땅이라고 외치는 것도 누가 시켜서 하는 일은 아니다. 그냥 나도 모르게 마음에서 우러나는 일이다. 그러나 어찌 보면 이 광고는 역설적 광고일지 모른다는 생각도 든다. 국경일에 국기를 달지 않고, 사이렌이 부는 1분마저 묵념은커녕 무시하고 짜증내는 사람들이 많으니 말이다.

국민의 예로 뇌리에 박힌 국기 하강식도, 극장에서 애국가가 나오면 쭈볏쭈볏 일어나던 기억도 이젠 '그땐 그랬지'하는 중년층 이상의 추억으로만 남게 되었다. 지금은 지난 시절처럼 타율적이고 획일적으로 국기에 대한 예를 강요할 수 없다. 축구를 보면서 우리나라를 응원하는 것도 애국이고 독도가 대한민국 영토임을 알리려 애쓰는 것도 애국이고, 국경일에 국기를 게양하는 것 또한 애국이다. 어느 것이 더 큰 애국인지 그 진정성과 크기를 논하는 것은 아무 의미도 없다. 때론 마음보다 행동으로 드러내는 것이 필요할 때가 있다. 국경일에 국기를 게양하며 그 의미를 되새기는 것이 나라 사랑하는 마음을 표현하는 작은 실천이라는 생각이 드는 개천절 아침이다.

(2012. 10)

# 3부

# 아버지의 매실액

그러나 인생의 마지막 순간에 기억나는 순간이 가슴이 찢어질 것처럼 아팠던 날이어도, 잊을 수 없는 그날의 기억이 기뻤던 날보다 슬펐던 날이 더 많다고 해서 내 인생이 불행한 삶이었다고 생각하진 않는다. 그날의 슬픈 기억보다 수백 배 더 많은, 수많은 날들을 행복해하고 감사한 마음으로 살았기 때문이다.

# 오른쪽 손가락의 기억

내 인생에서 잊을 수 없는 날은 언제일까. 누구에게나 잊을 수 없는 그날의 기억은 있기 마련이다. 사람들에게 잊을 수 없는 그날의 기억은 기쁘고 행복한 순간이 더 많을까 아니면 슬프고 비통했던 시간이 더 많을까 하는 단순한 의문에서 시작되었다. 내 인생의 기억들을 돌아보게 된 계기는….

그냥 튀어나오는 기억들을 행복했던 장면은 왼손에, 슬펐던 장면은 오른손으로 꼽았다. 그러다 갑자기 당황스러웠다. 왼쪽 손가락은 아직 두 개나 남았는데 오른쪽 손가락은 모자랐기 때문이다. 살면서 힘들고 가슴 아픈 일은 있었지만 그 시간들을 견뎌내면서 내 인생이 불행하다거나 불쌍하다고는 생각지 않았다. 그런데 접힌 손가락이 보여주는 진실은 내 인생의 잊히지 않는 그날은 슬프고 힘들고 가슴 아픈 날이 더 많다는 것이다. 접힌 오른쪽 손가락을 바라보니 인생을 행복과 불행의 잣대로 나눈다면 나는 불행의 줄에 서 있어야만 될 것 같아 서글프다.

보통 사람들은 기뻤던 일과 비통한 일 중 어느 것을 더 오래 기억할까? 기뻤던 순간을 더 많이 기억하는 사람은 행복하고, 슬펐던 기억이 더 많은 사람은 불행한 인생을 살고 있는 걸까? 며칠을 되뇌다 인간은 기쁘고 행복하고 좋았던 시간보다 슬프고 상처받고 힘들었던 시간을 더 오래 기억한다는 결론을 얻는다. 내가 다른 사람의 기억 속에 들어간 것도 아니고 남에게 물어본 것도 아니지만 그냥 그렇게 믿기로 한다. 불행하긴 싫으니까 그렇게 믿고 싶다.

왼쪽 손가락의 기억은 볼 때마다 가슴 설레던 그에게 프러포즈를 받던 날, 종갓집에 시집가 애태우며 기다린 아이가 아들이라는 소리를 듣던 순간…. 그리고는 더 이상 생각나지 않아 기억을 더듬다 잊히지 않을 만큼 행복했던 순간은 아니지만 그래도 대학에 합격했을 때를 꼽으며 멈췄다. 하지만 오른쪽 손가락이 기억하는 날들은 아주 꼬맹이였을 때의 사건부터 불과 얼마 전의 일까지 너무나 많다. 내 인생에서 힘들고 가슴 아프게 기억되는 날들이 이렇게 많나 싶을 정도다. 사람들은 우스갯소리로 자신의 인생을 소설로 쓰면 책이 몇 권이라도 모자를 것이라는 말을 한다. 아마도 그 경험들은 행복한 일이 아니라 대부분 기가 막히게 힘들었던 시간일 것이다. 책까지 쓰며 이야기하고 싶은 게 그 일들을 겪고 이겨낸 세월이지, 단순히 행복했던 시간을 추억하고 싶은 건 아닐 것 같다.

행복이란 특별히 기억하지 않아도 되는 매순간 순간인지도 모른다. 자는 아이를 들여다보면서 행복으로 가슴이 벅찰 때도 있고, 아이가 회장이 됐거나 100점 맞았을 때는 자잘한 행복감을 맛보기도 한다. 남편이 휴일에 청소기를 돌려주거나 아이를 둘이나 둔 화이트데이에 이니셜로 디자인한 목걸이를 선물해 주었을 때 같이 왼쪽 손가락을 꼽고 싶은 일상의 행복은 얼마든지 있다. 단지 그런 일상의 행복은 특별히 잊히지 않는 그날의 기억이 아닐 뿐이다. 그냥 생활이다. 반면에 불행은 어떤 이에겐 때로 트라우마로 남아 평생을 괴롭히기도 한다. 사랑하는 사람을 잃은 날의 기억, 어느 날 갑자기 모든 재산을 잃던 날, 믿었던 사람에게 뒤통수를 맞은 일 등 가슴이 찢어지게 아프고 고통스러웠던 날들의 기억을 어떻게 잊을 수 있겠는가. 그러기에 사람들이 기억하는 그날의 기억은 행복한 순간보다 힘들고 아팠던 순간이 더 많은 것 같다.

아침 신문에서 한국을 방문한 프란치스코 교황이 공식 지명해서 만난 단 한 사람이라는 이구원 선교사에 대한 글을 읽었다. 그는 선천성 사지절단증으로 태어날 때부터 팔과 다리가 없다고 한다. 휠체어에 팔다리 없이 몸통만 앉아 있는 그의 얼굴은 웃고 있다. 기자가 뽑은 인터뷰 기사의 제목은 「팔다리 다 있는 여러분은 저보다 행복하세요?」라는 물음이다. 제목을 읽는 순간, 사람의 행불행은 자신의 마음에 달렸다는 말이 실감난다. 사지가 멀쩡하다고 해서 삶이 행복하고, 장애를 가졌다 해서 다 불행한 건 아니다.

누군가 나에게 죽기 전 꼭 기억하고 싶은 하루를 묻는다면 당연히 행복했던 그날의 기억을 꼽을 것이다. 그러나 가장 잊을 수 없는 하루를 꼽는다면 인생에서 가장 길고, 어두웠던 그날의 기억이 될 것 같다. 울다울다 지쳐 더 이상 눈물이 나오지 않고, 금방이라도 호흡이 멈출 것 같이 숨을 쉴 수 없던 그날을 떠올리리라. 그러나 인생의 마지막 순간에 기억나는 순간이 가슴이 찢어질 것처럼 아팠던 날이어도, 잊을 수 없는 그날의 기억이 기뻤던 날보다 슬펐던 날이 더 많다고 해서 내 인생이 불행한 삶이었다고 생각하진 않는다. 그날의 슬픈 기억보다 수백 배 더 많은, 수많은 날들을 행복해하고 감사한 마음으로 살았기 때문이다. 잔잔하지만 행복한 많은 기억들이 슬픔을 감쌌고, 그것들로 인해 슬픔은 드러나지 않게 되었다. 눈에 보이는 행복은 쉽게 날아가지만 보이지 않는 슬픔은 가슴 깊이 남기에 잊히지 않는 기억으로 남는 건 아닐까.

이구원 선교사가 예전에 미니홈피에 남겼다는 '사는 것 자체가 고행이고, 행복은 그 고통을 달래주는 초콜릿 정도. 당신만 어려운 삶을 산다고 힘들어 하지 말라.'는 글귀가 떠오른다.

(2014. 8)

# 귀로 보는 사랑

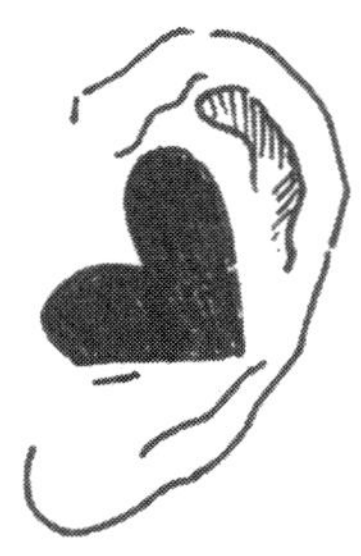

검은 안경을 쓰지 않았음에도 눈이 보이지 않는다는 걸 한눈에 알아볼 수 있는 남자가 피아노 앞에 앉아 있다. 진행자가 초등학교 때 시력을 잃기 시작했는데 어떻게 악보를 보느냐고 묻는다. 내 보기에는 단순히 갱지를 묶어놓은 듯한 점자책을 그가 조심스레 펴든다.

한 손으로 점자를 더듬으면 피아노는 남은 한 손으로밖에 칠 수 없다. 어떻게 양손으로 연주를 할 수 있는지 궁금한 생각이 들어 리모컨을 멈춘다. 그가 왼손으로 몇 마디의 악보를 읽은 후 입으로 음을 외우며 오른손으로 건반을 반복해 친다. 그리고는 같은 마디의 왼손 악보를 손으로 더듬어 읽은 후, 또 소리 내어 음을 외우면서 왼손 건반을 두드린다. 그렇게 왼손과 오른손의 악보를 따로따로 외워서, 양손으로 연습하는 그의 모습은 쉽게 채널을 돌릴 수 없게 한다.

피아노를 부드럽게 연주하는 일은 결코 쉬운 일이 아니다. 요즘 일주일에 한두 번 피아노를 연습하러 복지관에 간다. b이나 #이 여러 개 붙거나 빠른 음표가 연달아 나오면 손가락이 마음대로 움직이지 않는다. 한 마디에 음표가 많으면 연습을 해도 박자가 틀리기 일쑤이다. 멀쩡한 두 눈으로 악보와 건반을 보는 나도 이런 지경이니, 보이지 않는 그의 눈물과 열정은 굳이 말을 하지 않아도 알 것 같다. 더구나 음악적 재능을 타고나지 않은 나로서는 전곡을 외운다는 것은 상상할 수도 없는 일이다.

"피아노가 없는 나는 초라하지만 피아노 앞에 앉아 있는 나는 참 멋있게 느껴진다."라고 웃으며 이야기하는 시각장애 1급의 재즈 피아니스트 전영세 씨는 참으로 멋있는 사람이다. 그는 정말로 행복해 보인다. 그 긍정의 힘이 느껴져 나도 모르게 눈시울은 뜨거운데 입가에는 미소가 번진다.

피아노 선생님과 제자로 만나 결혼한 지 3년이 되었다는 그의 부인도 감동적이다. 왜 그와 결혼했냐는 질문에 자신을 많이 웃게

했다고 대답하는 그녀가 아름다워 보인다. 장애인에 대한 편견도 부모님과 주위 사람들의 반대도 뛰어넘을 수 있는 그녀의 용기와 큰사랑이 대단하다는 생각이 들었다.

실용음악학원에서 그에게 배우고 있는 고등학생은 귀로 음악에 집중하기 위해서 가끔은 눈을 감고 피아노를 친다고 한다. 학원에 처음 왔을 때 그 학생이나 부모님은 조금 망설였을지도 모른다. 세상엔 눈이 보이면서도 실력 있는 선생님이 얼마나 많은데 굳이 점자책을 더듬거리는 선생님에게 자신을, 자식을 맡기고 싶겠는가. 그 학생은 눈이 보이고 좋은 대학을 나온 선생님에게서 배우는 것보다 더 많은 것을 배웠을 것이다. 비록 앞은 보이지 않지만 어둠을 뚫고 빛의 세계로 나온 스승을 보며 제자는 힘들고 짜증날 때 스스로 채찍질했을 것이며, 포기하고 싶을 때 용기를 가졌을 것이다.

눈으로 세상을 볼 수 없는 그에게는 돌이 막 지난 딸이 있다. 방긋방긋 웃는 딸내미의 얼굴을 보고 싶은 아빠는, 아이의 웃는 소리를 핸드폰에 저장해서 보고 싶을 때마다 듣는다고 한다. 눈으로 볼 수 없는 대신 소리를 간직하겠다는 그의 모습을 보면서 친정엄마가 생각난다. 엄마는 30대 후반에 당뇨를 앓기 시작해 합병증으로 시력을 잃으셨다. 내가 결혼할 무렵에 이미 한쪽 눈이 보이지 않게 되어 오랫동안 한쪽 눈으로만 생활하였다. 오륙 년 전부터는 나머지 한쪽 눈의 시야가 점점 좁아져 원색만 겨우 구별하시더니 급기야는 남은 눈마저 보이지 않게 되었다. 처음부터 보이지 않는 세상이 아니라 70년 가까이 보아 오던 세상이 갑자기 깜깜해진 것이다. 집안에서는 혼자 화장실도 가고 전화도 받고 엉덩이를 움직여 왼손으론 앞을 더듬으며 오른손으론 걸레질도 하지만, 현관문 밖의 세상에 나갈 땐 누군가의 도움 없인 한 발짝도 내딛을 수가 없다.

가끔 엄마가 생각날 땐 눈을 감은 채 TV를 보고, 밥을 먹고, 거실에서 주방으로 걸어보기도 한다. 어둠 속에서 더듬거리다 두려움에 아주 긴 시간이 흐른 것 같아 눈을 떠보면 채 1분도 지나지 않을 때가 많다. 어둠 속에서 단 1분도 견디지 못하는 내가, 반짝 눈을 뜨면 어둠이 사라지고 곧 익숙한 밝음으로 가득한 내가, 아무리 눈을 떠봐도 여전히 깜깜한 어둠뿐인 엄마의 고통을 완전히 이해할 수는 없을 것이다.

작은아이가 여름방학 동안 키가 많이 자랐다. 그러나 아이가 자란 모습을 볼 수 없는 엄마는 소파에 앉아 손으로 아이의 키를 가늠하고 아이의 체격을 느낄 뿐이다. 앉아서 더듬던 손을 쭉 뻗어도 아이의 얼굴이 손에 닿지 않자 아이가 고개를 숙여 외할머니

손에 자신의 얼굴을 갖다 댄다. 통통하던 아이의 손이 길쭉하게 변할 걸 손으로 더듬어 느낀 엄마가 “키가 많이 크고 날씬해졌구나. 10cm는 큰 거 같네.” 하신다. 아이는 외할머니를 못 본 6개월 동안에 정말 10cm쯤 자랐다. 키는 자랐지만 체중은 늘지 않아 통통한 몸에서 늘씬한 체격으로 바뀌었다. 눈으론 볼 수 없지만 손으로 만져보고도 정확하게 볼 수 있는 엄마를 보니 손자에 대한 사랑이 느껴진다. 얼마나 손자의 웃는 얼굴이 보고 싶을까. 눈을 떠도 보이지 않는 엄마의 어둠을 생각하면 가슴이 아린다.

TV 속 그가 피아노를 치며 시각장애인인 스티비 원더가 그의 딸을 위해 불렀다는 ‘Isn′t she lovely?’를 부른다. 그 모습은 눈앞의 엄마를 볼 때면 마음이 아프고 더 잘해야겠다고 다짐하지만 내 생활로 돌아오면 바쁘다는 핑계로 잊고 지내는 나를 돌아보게 한다. 내리사랑이라더니 내 아이에겐 늘 사랑한다 말하면서도 엄마에게는 사랑한다는 말을 한 적이 없는 것 같다. 엄마에게 눈으로 보여드릴 수 없는 내 마음을 귀로 볼 수 있도록 소리 내어 사랑한다고 말하고 싶다.

(2009. 3)

## 마음의 치료

말이 씨가 된다는 말이 있다. 어떤 생각과 마음가짐을 갖느냐가 일의 결과에 영향을 미친다는 의미일 것이다. 돌이켜보면 잘될 거라는 긍정의 마음보다 안 되면 어떡하나 하는 부정의 마음을 가진 때가 더 많았던 듯싶다. 생기지도 않은 나쁜 일을 미리 걱정해서 안절부절못할 때도 있다. 걱정한다고 더 잘 되는 것도 아니고 오히려 불안한 마음에 실수할 수도 있건만 마음이라는 것은 이상하게 부정적인 쪽으로 무게중심이 기운다.

위내시경을 하는 중에 결절이 있다며 조직검사를 하겠단다. 조직검사라는 단어가 공포감을 준다. 의사가 내시경 화면을 보여주며 떼어낸 부분에 대한 설명과 함께 평소에 속이 쓰린지 묻는다. 당연히 그런 적은 없다. 속이 쓰렸으면 벌써 병원에 가거나 약을 먹었을 것이다. 딱딱한 부분이 육안으로 볼 때 암은 아닌 것 같다며 일주일 후에 결과를 보러 오라고 한다.

이것저것 검사를 하고 상담하느라 생각보다 시간이 많이 흘렀다. 전날 저녁식사 후에 아무것도 먹지 않은 터라 허기가 졌다. 허겁지겁 아침과 점심을 겸한 식사를 한다. 위암일지도 모르는데 꾸역꾸역 밥을 밀어 넣고 있는 내 모습에 짜증이 난다. 갑자기 명치끝이 아프면서 체한 것 같다. 더부룩한 속에 저녁까지 먹으니 생목이 오르는 듯도 싶다. 처음엔 내시경을 하느라 위를 건드려서 그런가 보다 하고 넘겼는데 이튿날도 그다음 날도 하루 종일 메스껍다. 최소한 역류성 식도염이라도 걸린 게 분명하다는 짐작으로 일주일을 보내고 검사 결과를 보러 갔다. 단순 염증이니 걱정할 필요는 없고, 증상이 없으면 약은 안 먹어도 된다고 한다. 속이 쓰리거나 더부룩하면 다시 병원을 찾으라는 말을 뒤로 하고 모임에 갔다.

음식점에서 나오는 족족 맛있게 먹다가 문득 속이 전혀 불편하지 않은 것을 깨닫는다. 아침엔 소화가 안 되는 것 같아 죽까지 먹었다. 조직검사라는 단어의 불안감에 급속히 위염 환자가 된 것 같이 소화가 안 되더니만 별것 아니라는 말 한마디에 언제 그랬냐는 듯 멀쩡해지니 마음이란 건 참으로 간사하다. 헛웃음이 난다. 일종의 플라세보 효과를 경험한 것이 아닐까 싶기 때문이다. 비록 가짜 약을 받아든 건 아니지만 전문가인 의사의 별거 아니라는 말이 마음에 영향을 주고, 그 마음이 몸에 변화를 일으켰으니 말이다.

큰아이가 여덟, 아홉 살 즈음이다. 어느 날인가 눈을 깜박이는가 싶더니 몇 날 며칠을 계속해서 깜빡거린다. 스트레스로 생긴다는 틱(tic)이다. 진료받기 전에 미리 의사 선생님과 상담을 했다. 눈을 깜빡이는 틱 현상이 나타나는데 깜빡이는 증세를 없애는 약이라 말하고 안약을 처방해 주면 안 되겠냐고 물었다. 처음엔 틱인데 왜 안과로 왔냐고 의아해하던 선생님도 신경정신과 앞에서 돌아왔다는 말에 다행히 동의를 해준다. 의사 선생님이 시력검사를 하고 "눈에 뭐가 들어가서 불편했나 보네." 하며 안약을 넣어주고 이제 됐다고 한다. 인공눈물과 비타민제를 처방받았을 뿐인데 아이의 깜빡거림은 눈에 띄게 줄어들었다.

그 후 얼마 안 돼 틱 현상은 없어졌다. 아이도 눈을 깜빡거리는 것에 대해 짜증나고 힘들었을 것이다. 안 하려고 신경 쓰면 쓸수록 더 했을 것이고, 자기가 무슨 병에 걸린 것은 아닌지 걱정스러웠을 것이다. 주위 사람들이 괜찮다고 하는 말은 신빙성이 없지만, 종합병원의 눈 전문 선생님이 별거 아니라고 눈에 들어간 티를 빼내 주고 약까지 주었으니 금방 나을 것만 같았으리라. 어찌 보면 틱은 마음의 병이니 마음을 안정시켜주는 것만으로 나았는지도 모른다.

플라세보 효과는 믿음의 힘이며 긍정의 힘이다. 이 약을 먹으면 꼭 나을 것이라는 믿음, 꼭 낫겠다는 의지가 긍정적 에너지를 발산해 효과를 준다. 반대로 아무리 적절하게 처방하더라도 환자가 믿지 않고 부정하면 그 약과 처방이 기대할 수 있는 효과를 얻어내지 못하는 노시보 효과도 있다. 플라세보 효과와 노시보 효과는 사람이 어떤 기대감과 믿음을 가졌느냐에 따라 그 결과에 차이가 난다. 약보다는 마음이 중요하고 그 마음 안에서도 믿음이 중요하며, 간절한 믿음은 때론 기적을 일으키기도 한다.

플라세보 효과에 대해 가장 많이 연구된 이론은 마음으로 기대하고 믿는 것이 실제 몸에 일어날 수 있다는 '기대 효과'이다. 몸에 일어나는 일은 살아가는 세상에서의 일이기 때문에 마음은 실제 세계에 영향을 준다. 자신에게 어떤 일이 일어날지 기대하는 것은 실제로 일어나는 일과도 관련이 있다는 것이다. 나쁜 일이 생길까 봐 미리 걱정하는 것은 좋은 결과를 얻는데 별로 도움이 되지 못한다. 오히려 불안감을 키워 마음에 병을 만들 뿐이다.

마음의 병을 완벽히 치료하는 약은 없다. 마음에서 만든 병을 치료하는 데는 스스로의 마음이 중요하다. 원하는 것은 이루어진다는 희망을 씨앗으로 삼아 긍정적인 마음을 갖고 살아야겠다. 그래서 믿음과 긍정의 에너지가 믿는 대로 이루어지는 플라세보 효과, 혹은 기대 효과로 나타나기를 빌어 본다.

(2009. 9)

## 걱정도 팔자

8시 15분, 9시 수업이니 영락없는 지각이다. 서둘러 일어나 씻고 옷을 입으려는데 도대체 입고 나갈 옷이 없다. 옷을 찾다 보니 이미 9시가 넘어버린다. 택시를 타고 가면 3시간 수업 중 절반은 들을 수 있을 것 같아 가방을 챙긴다.

그런데 시간표가 없다. 아무리 생각해도 첫 시간이 무슨 수업인지 기억나지 않는다. 어떤 책을 가방에 넣어야 할지도 모르겠고, 무슨 시간인지 모르니 당연히 강의실도 어딘지 모르겠다. 지금 나가도 과연 어디를 가야 할지 머릿속이 백짓장처럼 하얗다. 다음 시간은, 또 그다음 시간은 무슨 수업인지, 어디로 가야 할지 몰라

책상 앞에 멍하게 서 있다.

어떻게 할지 한참을 망설이다가 '아참! 나 학생 아니지….'라는 안도감으로 잠에서 깨어난다. 학생이 아니니 무슨 과목을 어디서 들어야 할지 모르는 게 당연하다. 쓸데없는 걱정에 잠만 설쳤다. 이따금 대학생이 되어 강의실을 못 찾고 헤매는 꿈을 꾼다. 학교 가는 버스를 잘못 타서 엉뚱한 곳을 헤맨 적도 있고, 겨우 학교에 도착하면 강의실이 어딘지 몰라 교문 앞에 망연히 서 있을 때도 있다. 때론 힘들게 찾아 들어간 강의실에 모르는 사람만 가득해서 당황한 경우도 있다.

생각해 보면 걱정이 있을 때마다 강의실 찾는 꿈을 꾸는 것 같다. 학생도 아닌 내가 무슨 과목을 어디에서 듣는지 몰라서 헤매고 다니는 건 쓸데없는 일이다. 또한 대학생이 자신의 강의실이나 배우는 과목을 모른다는 것도 있을 수 없는 일이다. 그러고 보면 이런 황당한 꿈은 걱정거리 자체가 기우임을 깨닫고 마음 편해지라는 스스로의 방어책인지도 모른다. 요즘 내 걱정거리는 무엇일까. 군대 간 작은아이일 수도 있고, 취업을 앞둔 큰아이일 수도 있다. 둘 다 내가 걱정해서 될 일은 아니다. 아이들 스스로가 해결해야 할 문제이고, 사실 둘 다 자기 몫을 해내고 있으니 딱히 걱정할 것도 없다.

작은아이는 충북 영동에 배치를 받았다. 가깝다고 자주 볼 수 있는 것은 아니지만, 아무런 연고도 없는 곳인 데다 거리가 멀다 보니 괜스레 불안한 마음이 든다. 전화라도 자주 해 주면 안심이 될 텐데, 아이는 일주일에 한 번 정도 겨우 전화를 한다. 군인용 전화카드도 사줬는데 왜 전화를 안 하냐고 투덜거리는 내게 큰아이는 그건 걱정할 일이 아니라고 말해준다. 무슨 일이 생겼으면 벌써 부대에서 전화 왔을 거라며 안심하라지만 그게 마음대로 되는 건 아니다.

큰애를 군대 보낼 때는 어느새 저렇게 컸나 싶고 대견한 마음만 앞섰다. 아이도 대한민국의 남자로서 당연한 일로 여겼다. 그런데 작은애는 유난히 군대 가는 걸 싫어했다. 최대한 늦게 가겠다고 버티다가 대학을 졸업하고 나니 영장이 나와 어쩔 수 없이 갔다. 하기야 어느 이십 대 남자애가 군대 가기를 원할까 싶으면서도 가기 싫은 애를 억지로 보내려니 안쓰럽기도 하고 걱정스런 마음이 들었다.

어쩌다 전화를 하면 아이는 내 목소리를 듣자마자 "엄마, 나 힘들어 죽겠어. 여긴 나랑 안 맞아."라는 말부터 한다. 거기는 산속이라 춥다며 9월에 벌써 핫팩을 보내달라고 하더니만 요즘은 피부가 부석거린다며 초보습 크림을 보내달란다. 새벽에 일어나 경비서는 게 힘들다며 알약 포도당이 필요하다고도 했다. 그러면서도 부대가 군기를 잡는다기보다는 가족 같은 분위기라 참 좋다고 걱정하지 말라는 말도 잊지 않는다. 하루에 두세 번 보초 서러 산에 올라가느라 안 하던 운동을 해서 그런지 더 건강해진 것 같다고 자랑을 하기도 한다.

훈련소에서 보내는 효도 편지에 아이는 입으론 힘들다 힘들다 하면서도 은근히 자기가 잘하고 있는 것 같다고 썼다. 사격 만발을 쐈고 조장을 맡은 조별 구호 만들기에서도 1등 했으며, 자기 조는 모든 훈련이 다 Top3 안에 든다고 한다. 조원들이 다 착해서 나이 많은 자기 말을 잘 듣고, 부족한 부분을 많이 도와줘 우수병사가 되어간다며 걱정하지 말라고도 했다. 그걸 보니 막내라 징징거리긴 해도 어디서든 다른 사람들과 잘 어울리고, 자기 몫은 다한다는 생각이 들어 안심이 되긴 했다.

아이가 35일간의 훈련소 생활을 마치고 수료하던 날 아침에 소대장의 문자가 왔다. 운전을 하느라 미처 보지 못했다가 행사장 뒷자리에 앉아서 뒤늦게 확인했다. 자녀분이 수상을 하게 되었으니 앞의 단상에 올라와 앉아서 아이를 가깝게 보라는 내용이다. 그렇잖아도 뒤에서 잘 보이지 않을까 걱정하던 참이라 한달음에 올라가 앉았다. 아이가 수상자들의 대표로 크고 절도 있는 목소리로 차렷, 경례를 외치며 대대장에게 보고를 한다. 단상에 앉아 그런 아이의 얼굴을 바라보니 눈물이 날 정도로 감정이 벅차오른다. 행사가 끝나고 뿌듯한 마음으로 아이를 안으려고 팔을 벌리자, 3박 4일의 포상휴가까지 따낸 당당한 아들은 "엄마아! 나 힘들어 죽께쪄어~."라며 달려와 품에 안긴다.

힘든 훈련소 생활을 멋지게 마친 아이는 자대에서도 충분히 맡은 일을 잘하고 부대원들과도 잘 지낼 것이다. 그렇게 남은 기간도 아무 탈 없이 보내고 씩씩한 남자가 되어 무사히 제대할 것이다. 엄마한테 힘들다고 어리광부리는 것은 스트레스를 풀기 위한 투정일 뿐이다. "애고~", "저런~" 맞장구 몇 번 쳐주고 들어주면 금세 자기가 얼마나 잘하고 있는지 신나서 이야기하리라. 아직은 신병이니 눈치 보느라 전화를 자주 못 하지만 곧 너무 자주 하게 되어 할 말이 없게 될지도 모른다. 사실 군에 간 아이가 전화를 자주 안 한다는 것은 걱정거리 축에도 못 낀다.

잘하고 있는 아이를 쓸데없이 걱정하며 구시렁대는 내게 걱정도 팔자라는 것을 알려주기 위해 오십이 넘은 나는 새벽 내내 대학생이 되어 강의실을 찾아 헤맸나 보다.

(2015. 10)

# 23시간

공항버스를 타기 위해 나란히 세워둔 캐리어를 끌려던 순간 깜짝 놀랐다. 아들의 캐리어 위에 걸어두었던 백팩이 없다. 아이는 누군가 집어갔다며 무작정 앞으로 달려가고, 버스는 저 멀리 들어오고 있다. 캐리어를 두고 아이를 쫓아갈 수도, 그렇다고 두 개를 끌고 따라갈 수도 없다. 그냥 돌아오라고 소리를 지른다. 누가 가져갔는지, 어느 방향으로 갔는지도 알 수 없는데 어디로 가서 찾는가 말이다. 공항에 간들 비행기를 탈 수 있을지 모르겠지만 지금 버스를 안 타면 비행기를 놓쳐버리기에 일단 버스를 탔다.

버스 안에서 스페인대사관으로 전화를 했다. 임시여권은 마드리드의 한국대사관에서만 받을 수 있단다. 대사관 직원은 바르셀로나로 가는 비행기를 마드리드로 바꾸어 달라고 해서 가는 것이 가장 빠르고 좋은 방법이라고 한다. 공항에 도착하여 대사관에서 안내받은 직원을 찾아 부탁했지만 당연히 거절당했다. 바꿔준들 여권도 없이 어떻게 가겠느냐며 반문한다.

다시 공항버스를 타고 오던 길을 거슬러 고속버스터미널로 갔다. 저녁 8시 30분에 그라나다를 출발하여 새벽 1시쯤 마드리드에 도착하는 버스표를 샀다. 아이는 예약한 바르셀로나의 호텔에 전화해서 오늘은 못 가지만 내일은 가겠으니 방을 남겨달라고 이야기한다.

나는 그 옆에 쭈그리고 앉아 미리 요금을 지불하고 예약한 카탈루냐 광장의 호텔은 빈방으로 놔두고, 그 밤에 몸을 누일 호텔 검색에 들어간다. 마드리드 버스터미널이 도대체 어디쯤 위치했는지 주변 환경이 어떤지도 알 수 없는 상황에서 막막하다.

문득 그라나다에서 택시를 탔을 때 기사 아저씨가 내비게이션에 숫자를 입력하던 게 생각났다. 출발지를 터미널로 하고, 도착지에 호텔 주소에 있는 우편번호처럼 보이는 5자리 숫자를 넣으니 버스 및 택시, 도보 시간 등 길 찾기가 완료된다. 이 나라는 주소체계가 왜 이렇게 잘 되어 있는지 그 와중에 감탄한다. 버스를 타고도 나의 호텔 찾기는 멈추지 않았건만, 정작 사건의 당사자는 마치 어린아이처럼 옆에서 새근새근 잘도 잔다.

버스에서 예약한 숙소는 터미널에서 택시로 5분 정도 걸렸다. 호스텔임에도 새벽 1시가 넘어 체크인이 가능했고, 숙박료도 저렴했다. 거기다가 호스텔 앞 횡단보도를 건너면 바로 전철역이다. 비록 대사관까지는 전철과 버스를 타고 도보로 헤매면서 1시간이나 걸렸지만, 이 정도면 행운이 따라준 셈이다.

여권을 만들고 바르셀로나행 기차표를 끊었다. 기차 안에서도 예약은 계속됐다. 가우디 투어를 예약했지만, 그 시간에 마드리드에 있었으니 가지 못했다. 티켓을 예매하지 않고는 들어가기 힘들다 하니, 가이드가 구입하기로 한 가우디 대성당이며 구엘 공원 티켓을 구입해야 한다. 티켓의 종류가 어찌나 많은지 무엇을 구입할지 몰라 인터넷 블러그를 뒤져가며 간신히 예매했다. 예매를 끝내는 걸 본 아이는 비로소 안도감을 느꼈나 보다. 이런 큰일을 겪고도 화를 내지 않고 의연하게 대처해 준 엄마에게 앞으로 더 효도하겠다며 말을 건넨다. 이번 여권 사건으로 의사소통의 중요성을 느꼈기에 영어를 더욱 열심히 공부하고, 자신이 돈을 벌면 꼭 엄마와 다시 바르셀로나에 와서 잃어버린 하루를 보상해 주겠다는 결심을 했단다. 순간 모든 피로가 다 풀리는 듯하다.

사실 가방을 잃어버린 게 아이만의 잘못은 아니다. 가방을 옆에 두고 챙기지 않은 건 둘 다 마찬가지다. 옆에 앉아 있었으면서 아이의 여권이 없어졌다는 이유로 아이를 탓할 수만은 없다. 이건 누구에게나 일어날 수 있는 일이고, 어떻게 대처하는가가 차이를 낳는 거라고 말해준다. 특히 엄마를 다시 바르셀로나에 데려와 준다는 약속은 꼭 지켜야 한다고 다짐받는다. 아이는 모른다. 난 절대로 의연하게 대처한 것이 아니다. 단지 어쩔 수 없었을 뿐이다. 이미 엎질러진 물은 화를 낸다고 다시 담을 수 없다. 사람은 큰일을 당했을 때 오히려 담담해진다. 일단 해결을 해야 하기 때문이다.

바르셀로나에 도착하니 4시, 전날 5시에 그라나다 공항버스를 타는 순간부터 23시간 만이다. 원래 도착하기로 한 시간보다 19시간 늦었다. 만 하루 동안의 일이 꿈만 같다. 하루 동안 세 개의 도시를 이동하며, 장거리 야간버스에 기차, 시내버스에 지하철까지 스페인의 온갖 교통수단을 이용했다. 열흘간의 짧은 여행기간 중에 하루를 잃었다. 여행객에겐 시간도 돈이라 했는데 19시간을 잃고 실제로 많은 돈이 날아갔다.

모든 일이 계획대로 되지는 않는다. 돌발 상황이라는 것을 감안하면 그나마 감사하고 다행한 일이다. 여권을 그날 잃어버렸기에 마드리드에 가서 다시 만들어와 제시간에 돌아오는 비행기를 탈 수 있었다. 만약 바르셀로나에서 잃어버렸다면 예정된 비행기를 타지 못하고 다음 비행기를 알아봐야 했을 테고, 그렇게 되면 서울에서의 일상이 꼬였을 것이다. 말이 통하지 않는 외국인들과 일을 해결하면서 아이는 영어공부를 열심히 해야 한다는 것을 몸으로 느끼고, 이제 닦달하지 않아도 스스로 하겠다고 한다. 물론 얼마나 갈지 모르겠지만 실제로 겪고 느낀 건 값진 경험일 것이다. 더군다나 효도까지 결심해줬으니 나는 별로 손해 본 것도 없다. 가이드 없이 가우디 투어를 직접 한 것도 좋은 경험이다. 덕분에 미리 공부하고 갔고, 버스와 전철로 찾아다녔으니 훨씬 기억에 남는다.

여행을 통해 얻을 수 있는 건 눈으로 본 것만이 다가 아니다. 실수와 어려움을 통해서 얻게 되는 것도 많다. 그리고 그 어려움을 극복하면서 아들과 공유한 기억은 사진으로 담아온 추억 이상으로 가슴에 남는다. 잃어버린 시간이나 돈보다 많은 것을 얻었다.

(2017. 6)

# 아버지의 매실액

큰아이가 취업을 했다. 직장이 판교라 출퇴근을 힘들어 해서 수지에 원룸을 얻어 독립시켰다. 아이는 집에서 밥해 먹을 시간도 없고, 청소도 자기가 할 테니 아무것도 신경 쓰지 말라며 마냥 신나 한다. 말로는 '엄마 힘들까 봐'라고 하지만 자기도 없는 빈집에 엄마가 드나드는 것이 싫은 게 분명하다.

아들이 출근한 빈집에 가서 우렁각시처럼 밥은 못해 줄망정 반찬은 해서 주말에 들려 보내야 할 것 같다. 밑반찬을 잘 먹지 않는 아이에게 무엇을 해 줄지 고민하다가 불고기 양념을 하기로 한다. '간장, 마늘, 참기름, 맛술, 매실액….' 냉장고에서 매실액을 꺼내온다. 두 스푼을 꺼내니 통속에 1/5도 남지 않았다, 작은 병에 옮겨 담는데 갑자기 울컥한다. 이 매실액을 다 먹으면 앞으로 누가 이렇게 진한 매실액을 담가줄까.

아버지의 매실액은 유난히 진하다. 말 그대로 엑기스다. 해마다 한두 곳에서는 매실액을 얻어 오지만 아버지가 담근 매실액은 색부터 다르다. 다른 것과 나란히 두면 진한 색깔이 마치 꿀인 듯, 홍삼액인 듯 자태를 뽐낸다. 아버지가 매실액을 담그신 지는 7년쯤 된다. 그전에는 해마다 매실주를 담가 명절 때마다 한 통씩 주셨다. 여름날의 친정집 베란다에는 2L들이 생수통에 담긴 매실주가 가득했다. 하루도 빠짐없이 술을 즐기시던 아버지는 간암 판정을 받은 그 순간부터 한 방울의 술도 입에 대지 않았다. 남아 있던 집안의 매실주도 모두에게 나눠주었다. 그리고 그다음 해부터 매실액을 담기 시작했다.

여든을 넘긴 아버지가 욕조에 물을 가득 받아 매실을 닦고, 쭈그리고 앉아 꼭지를 하나하나 따서 몇 번 더 헹궈 바구니에 받쳐 물기를 빼는 모습을 상상하면 화가 나곤 했다. 큰 병에 매실 한 켜, 설탕 한 켜씩 번갈아 쌓아 숙성시켜 걸러낸 매실액을 받아들 때는 감사하다는 말보다 짜증을 먼저 냈다. 누가 그걸 먹는다고, 하지 마시라는데 매번 그렇게 말을 안 듣느냐고 한소리 하면 아버지는 그게 낙이라며 검지를 입술 위에 세웠다. 아무것도 줄 것 없는 아버지는 집에 오는 자식들에게 매실액 한 통씩 들려 보내는 걸 보람으로 아셨다. 마지못해 감사히 잘 먹겠다고 하면 얼굴이 환해지셨다.

그 아버지가 만든 매실액을 이제 다시는 맛볼 수 없다. 아버지는 지난 6월, 이 세상을 떠나셨다. 간암이 폐로 전이된 지 7개월 만이다. 폐로 번진 암은 시술도, 수술도 할 수 없다 하여 항암제를 드셔야만 했다. 항암제는 7년간 여러 차례의 암 시술과 담석·관절 수술 등을 견뎌낸 여든다섯 노인의 체력으로 버티기에는 너무 독했다. 돌아가시기 전날, 아버지는 병원에 간 내게 "경희야!"라고 불렀다. 그리고 그동안 애썼다며 고맙다고 했다. 그게 마지막 유언이 돼버렸다. 아이를 낳은 이후 아버지는 내 이름을 부른 적이 거의 없다. 남의 집 며느리로 두 아이의 엄마가 된 당신 딸의 이름을 함부로 부르는 것을 꺼리셨다.

그 시절의 다른 아버지들이 다 그랬듯 아버지도 평소 감정표현이 서툴렀다. 애정표현을 한 적도 없을 뿐 아니라, 같이 앉아 조곤조곤 이야기를 나눈 기억도 없다. 그런 아버지가 언제부턴가 나에게만 매실액을 한 병씩 더 주었다. 아버지를 병원에 모시고 가는 내게 주는 고마움의 표현이다.

어린 시절, 아버지는 며칠씩 집을 비우고 지방에 다녀오는 날이면 품 안에 빠다 사탕이 가득 든 커다란 병을 안고 들어왔다. 과일 위탁판매를 하던 아버지가 토마토며 수박, 포도 등 과일을 사러 지방에 자주 가는 여름쯤이면 그 사탕이 떨어지기도 전에 또 다른 빠다 사탕이 책상 위에 줄을 섰다. 처음엔 기다렸지만 여기저기 한 움큼씩 집어줘도 없어지지 않는 빠다 사탕은 우리들이 자라면서 방구석에 굴러다니기 시작했다. 빠다 사탕 말고 다른 사탕이나 과자를 사달라고 졸라도 아버지는 오직 빠다 사탕만 사 왔다.

일제강점기에 유년 시절을 보내고, 열한 살에 부모님을 여읜 아버지는 열아홉에 6·25전쟁을 겪었다. 모두가 가난하고 어렵던 그 시절의 아버지는 어쩌면 자라면서 과자를 먹어본 적이 없는지도 모른다. 문득 과자를 먹어본 적이 없는 아버지기에 당신이 알지 못하는 다른 맛을 사는 걸 겁낸 건 아니었나 하는 생각이 든다. 버터맛 스카치 캔디를 볼 때마다 빠다 사탕을 사 들고 들어오던 젊은 날의 아버지와 그것을 기다리던 내 어린 날이 혀끝에 녹아들 듯 생생하게 떠오르곤 했다.

해 줘도 먹을 시간이 없다고 갖고 가는 것조차 귀찮아하는 내 아이에게 줄 고기를 양념하면서, 이런 걸 누가 먹는다고 그렇게 고생을 하느냐고 짜증내던 내 아버지의 매실액을 넣는다. 아이가 원치 않아도 반찬을 해 주고 싶어 하는 내 마음은 자식에게 구박(?)을 받아도 매년 매실액을 담그던 아버지의 마음과 닮아 있다. 삶에서 중요한 건 꼭 잃고 나서야 알게 된다. 아버지에게 매실액을 주셔서 고맙다는 형식적인 인사가 아니라 당신의 사랑을 받아서 감사하다는 진정한 인사를, 사랑한다는 말 한 번 못해 드린 게 후회스럽다.

(2016. 9)

# 장미와 삼겹살

"이제 엄마한테 꽃 선물은 절대 안 할 거야."

"왜?"

"엄마는 너무 감정이 메말랐어. 여자 친구라면 장미 한 송이 받아도 엄청 감동했을 텐데…. 늙어서 그런가?"

감정이 메말랐다는 말도 기분이 좋진 않은데 늙어서 그렇다니 장미 한 송이 받은 대가치곤 너무 비싸다. 집으로 들어가는 길에 큰아이에게서 전화가 왔다. 귀대 시간에 맞춰 부대에 데려다 주기로 했는데, 후임과 미리 만나서 놀다 들어가겠단다. 지금 노원역까지 태워다 줄 수 있냐고 물어서 가져갈 물품을 잘 챙겨 내려오

라고 했다. 쇼핑백 하나 가득 들고 타기에 이것저것 잘 챙겼는지 확인을 하는데 삐죽이 나온 장미 한 송이가 눈에 들어온다. 후임을 만난다더니 여자 친구라도 만나나 싶어 궁금한 마음에 관심을 보인답시고,

"그건 뭐야? 한 다발도 아니고 장미가 한 송이뿐이네."

순간 아이의 표정이 굳는다. 엄마가 환하게 웃는 모습을 상상하며 기분 좋게 장미를 샀단다. 차에 타자마자 장미를 내밀 시간도 없이 잔소리만 계속하더니 주기도 전에 한 다발이 아니고 한 송이뿐이라고 타박을 했다며 골을 낸다. 그게 아니라 가방을 챙겨주지 못해서 빠트리면 택배로 보내야 하니까 확인부터 한 거라 해도 이미 상한 마음을 돌이킬 순 없다. 그런데 자기 혼자 당한 게 억울하다는 생각이 들었는지 제 동생 얘기까지 들먹인다. 립스틱 선물하니까 색깔이 맘에 들지 않는다며 교환하게 영수증 갖고 오라고

해서 걔도 이제 엄마한테 선물을 안 하고 싶다고 했단다.

그 립스틱은 아이가 선물하기에는 조금 비싼 제품이다. 얼마 전에 같은 메이커로 비슷한 색상을 선물 받았기에 보여주기까지 하면서 분위기가 같지 않느냐고 물었다. 작은아이도 그런 것 같다며 먼저 색상을 교환하라고 권해서 영수증을 달라고 한 것뿐이다. 내 기억은 그런데 아이의 기억은 그게 아니었나 보다. 전후좌우 상황은 다 필요 없고 오직 엄마가 큰맘 먹고 산 자기 선물이 맘에 안 들어서 교환한다고 영수증 갖고 오란 얘기만 가슴에 남았나 보다. 얼마나 마음이 상했으면 오랜만에 휴가 온 형을 붙들고 하소연을 했을까 싶으면서도 한편으론 억울하고 마음이 편치 않다. 점점 아이들과 틈이 벌어지는 것 같다. 때론 아이를 이해하기보다는 왜 저럴까 짜증이 나는 것처럼 아이들 또한 점점 엄마를 마음으로 이해하기보다는 갱년기라 저런가 보다, 늙어서 감정이 메마른 탓인가 보다…. 그런 식으로 생각해버리고 만다는 현실이 슬프다.

결혼 초, 당직을 한 남편이 일찍 집에 돌아왔다. 벨 소리에 문을 여니 남편의 얼굴 대신 장미 한 다발이 그 자리를 차지한다. 잡은 물고기에 먹이를 주는 남편의 행동에 감격해서 장미를 받아 들고 함박웃음을 짓는데 그의 또 다른 손에 들린 비닐봉지가 눈에 띈다. 뭐냐고 묻기도 전에 삼겹살인데 구워 먹고 한숨 자야겠다고 한다. 반찬하기 힘들까 봐 사 왔다고 자랑스럽게 말하는 남편을 보며 순식간에 연애감정에서 깨어났다. 방금 전 장미 한 다발에 세상을 다 가진 것처럼 행복한 아가씨였는데, 말 한마디에 남편 밥을 챙겨야 하는 현실의 아줌마로 돌아왔다. 그때는 그랬다. 장미로도 충분히 행복한데 저 어울리지 않는 봉지의 삼겹살이 내 기분을 망쳤다고 생각했다.

지금부터 이십여 년 전, 너희를 낳기 전의 나는 삼겹살도 포기하고 장미의 아름다움만 기억하고 싶던 감정이 풍부하다 못해 넘쳐흐르는 여인이었노라고 항변한다. 아이는 그저 뭔 소리래 하는 표정일 뿐 이미 내 말엔 관심도 없다. 그저 아들의 꽃 선물에 감동하지 않은 엄마의 반성만 요구하는 표정이다. 물론 지금은 장미의 아름다움만 기억하고 싶을 만큼 감수성이 풍부하지는 않다. 누군가가 장미와 삼겹살 중 하나를 선택하라고 하면 주저 없이 삼겹살을 택할 것이다. 현실을 외면할 만큼 낭만적일 나이는 아니다.

장미와 삼겹살.

이상하게도 그 어울리지 않는 조합은 살면서 꿈과 현실이 부딪힐 때, 혹은 지쳐 힘들 때 나를 이기는 힘이 됐다. 세월이 지날수록 장미에 딸려온 눈치 없는 삼겹살은 잊히고, 삼겹살과 함께 온 환한 장미 한 다발의 낭만이 가슴에 가득 찬다. 세월은 장미만이 남편의 사랑이 아니라 까만 비닐봉지의 삼겹살 또한 그의 사랑이었음을 알게 한다. 생각보다 일찍 들어온 남편의 밥상을 차려야 하는 아내의 고충을 해결하고자 삼겹살을 사고, 혼자 문을 꽁꽁 잠그고 무서움에 떨며 밤을 지냈을 신혼의 그녀에게 장미꽃을 선물한 그의 마음을 생각하면 세상의 그 어떤 어려움도 이길 수 있을 것 같다.

이제 아이들은 둘 다 대학생이다. 더 이상 미성년자도 아니고 자기 앞가림을 할 수 있을 만큼 자랐다. 그동안은 아이들을 키우느라 장미꽃을 보고 아름다움에 감탄할 여유가 없었는지도 모른다. 아이가 준 장미 한 송이는 비닐 속에서 그 빨간 빛이 자줏빛으로 변하다 못해 까만색이 되었다. 건들기만 해도 부서질 것 같은 장미를 보며 생각한다. 이제 꽃의 아름다움도 느끼고, 아무리 비싼 립스틱이어도 같은 색상을 선물 받는다면 마치 처음 갖는 색깔처럼 정말 예쁘다며 감탄하는 여유를 갖겠노라고….

남편의 장미를 기억하며 삶의 고단함을 이겨냈다면, 이제 아들의 장미를 기억하며 잊었던 감성과 여유를 찾고 싶다.

(2013. 9)

# 꼬부기와 탈출이

'꼬부기와 탈출이'

그들과 함께 산 지 어언 열일곱 해가 되었건만 난 아직 그들이 수컷인지 암컷인지도 모르고, 누가 탈출이고 누가 꼬부기인지도 구별하지 못한다. 그들이 사랑스럽고 귀여워서 쓰다듬어 주거나 눈을 맞춰준 적도 거의 없다. 그저 하루에 한 번 먹이를 주고 가끔 생각나면 물을 갈아줄 뿐이다.

그들을 처음 만난 건 1996년 여름이다. 상봉시외버스터미널 2층의 마트에서 100원짜리 동전만한 거북이들이 빨간 고무통에 그득한 것을 본 작은아이는 그 앞에서 떠날 줄 몰랐다. 거북이를 사

달라고 조르는 아이에게 올라오는 길에 사 주겠다고 간신히 달래서 그 자리를 떠났다. 그런데 며칠 후 서울에 도착하자마자 아이는 2층으로 달려가 거북이 앞에 서 있다. 그때 미래를 알 수 있었다면 어떻게 해서든지 거북이를 포기하게 했을 텐데, 4살짜리가 기억하고 있다는 사실이 신통해서 두 마리를 사 주고야 말았다.

거북이가 어느 정도 자라자 키우던 어항이 좁아 보인다. 마침 마트에서 사은품으로 준 플라스틱 통이 있어 그리로 옮겼다. 다음 날 아침에 일어나 보니 거북이 한 마리가 없어졌다. 통은 넓은 대신 높이가 낮았는데 한 마리가 통을 넘어서 도망친 거다. 거북이는 이틀이 지나서야 거실 소파와 장식장 사이에서 발견됐다. 물 한 방울도 없이 살아 있다는 사실이 놀랍다. 그때 큰아이가 거북이 이름을 지어줬다. 통을 빠져나간 도망자 거북이는 탈출이, 나머지 한 마리는 당시에 방영되던 포켓몬스터라는 애니메이션의 거북이 캐릭터인 꼬부기로 정했다. 그렇게 놈들은 우리 집에 머문지 몇 년이 지나서야 겨우 이름을 갖게 되었다.

아들 녀석들은 앵무새며 가재, 새우 등 진이 빠질 정도로 졸라서 손에 쥐면 금세 흥미를 잃곤 했다. 얼마 지나지 않아 거북이 역시 거들떠보지 않았다. 언제나 그랬듯이 먹이를 주고 수조의 물을 갈아주는 것은 내 몫이 되었다. 하루에 한 번 먹이를 주는 것도 가끔은 잊고, 수조의 물도 뿌옇거나 냄새가 나면 그제야 갈아 줬지만 신기하게도 거북이는 잘 자랐다. 거북이는 장수 동물이라더니 그 말이 맞나 보다라고만 생각했다.

그런 거북이가 참 용하다는 생각이 든 건 아이 친구 집의 커다란 거북이 때문이다. 2년 정도 키웠다는데 하루에 서너 번씩 꼬박꼬박 먹이를 주고, 가끔은 특식으로 쇠고기 간 것을 주기도 한단다. 뉘 집 거북이는 쇠고기까지 먹는다는데 하루 한 끼도 간신히 얻어먹으면서 생명을 유지하는 우리 거북이가 대견했다. 그 거북이를 보니 먹이를 조금밖에 안 줘서 제대로 크지 못한 우리 거북이에게 잠깐 미안해지긴 했지만, 차라리 먹이를 덜 준 게 다행이라는 생각도 든다. 저렇게 큰 거북이를 징그러워서 어떻게 키울까 싶다. 우리 거북이는 소식을 해서 크기가 작고 건강한 것이라고 스스로 위안을 삼았다.

꼬부기와 탈출이는 베란다에 있어서인지 겨울이면 먹이를 먹지 않는다. 간혹 날씨가 추운 날 창문이라도 조금 열려 있으면 수조의 물이 꽁꽁 얼어서 움직이지 못하기도 한다. 처음엔 겨울이 되면 거실로 들여왔다. 날이 추우면 먹이를 먹지 않는 거북이가 실내로 들어와 따듯하면 먹는 게 신기했다. 그러다가 겨울잠을 자야 하는 거북이를 자연의 섭리에 어긋나게 키우는 게 아닌가 싶어 다시 밖으로 내놓았다. 그렇게 세월이 지나다 보니 거북이는 등껍질을 몇 번이나 떼어내며 연둣빛이던 색깔이 검푸르게 변했다. 크기는 어른 남자 손바닥만 하지만 색깔이나 얼굴 모습에서 세월이 느껴진다.

그런데 그렇게 크고 쇠고기까지 먹던 아이 친구네 거북이가 얼마 못 살고 죽었다. 시간 맞춰 먹이를 주고 28도에 온도를 맞춰주며 정성을 들인 거북이보다, 겨울이면 베란다에서 추위에 떨며 먹이도 안 먹은 우리 거북이가 더 잘 자라고 있는 것을 보면 생명이라는 것이 신비롭다는 생각이 든다. 꼬부기와 탈출이는 인공 환경이 아닌 자연의 섭리대로 놔뒀기 때문에 오히려 더 잘 자랐는지도 모르겠다.

꼬부기와 탈출이는 물고기를 기르던 수족관에서 사는데, 가끔 그 안에 들어있는 나무 모양의 돌 위에 올라가 쉬기도 한다. 사람이 암벽을 등반하는 것처럼 앞갈퀴를 쫙 펴서 울퉁불퉁한 부분을 꽉 잡으며 한발 한발 올라간다. 누가 거북이는 뒤집히면 못 일어난다고 했던가. 나무 돌 위를 오르다 떨어져 뒤집어지면 몸을 옆으로 뉘여 바닥을 한 번 탁 치면서 순식간에 뒤집는다. 강아지처럼 앉으라면 앉고 뛰라면 뛰면서 사람 말을 알아듣는 것도 아니고 감정을 교환하는 것도 아니지만 때론 쳐다보고 있는 것만으로 심장이 뛰게 한다. 식욕이 왕성한 봄날 먹이를 주지 않으면 수족관을 발로 탕탕 차기도 한다. 관심 없이 지내다가 그럴 땐 쟤네들이 정말 생명체구나 하는 생각이 들고 내가 돌봐줘야 할 가족이라는 느낌마저 든다.

애완동물이란 '사람이 특별히 사랑하거나 귀여워하여 가까이 두고 다루거나 보기 위해 집에서 기르는 동물'이라 한다. 우리 집 애완동물인 꼬부기와 탈출이는 오랜 세월 물리적으로 가까이 두긴 했지만 심적으로 귀여워해 주지 않았으니 저 좁은 공간에서 무슨 낙으로 살았을까.

봄 햇살이 정말 좋다. 오랜만에 고무장갑을 끼고 수조 안의 돌을 빡빡 문질러 겨우내 묵은 이끼를 제거해 주었다. 칫솔로 거북이의 등껍질도 깨끗이 닦아 주었다. 한 놈이 유난히 발버둥거리며 빠져나가려 애를 쓴다. 아하~ 네가 탈출이구나. 엄마 미소가 절로 지어진다. 등껍질 안으로 목과 팔다리를 모두 숨긴 거북이들에게 잘 자라 주어서 고맙다고 다정히 말을 건네 본다.

(2012. 4)

# 기억

중국 후난성 퉁타오현에는 소수민족 중 하나인 동족이 모여 사는 '핑양향'이라는 마을이 있다. 그 마을에는 자신이 전생에 아버지의 여동생이었다며 아버지를 오빠라고 부르는 아가씨가 있다. 또 전생에 자신이 낳은 아이들을 찾아 멀리 떨어진 낯선 지방으로 떠나는 열한 살 소녀도 있다.

한 마을에서 환생을 주장하는 사람들이 백여 명이 넘자, 중국 사회과학원과 퉁다오현 정부가 최면과 거짓말 탐지기로 이 사람들을 조사했는데 '진실'로 나왔다고 한다. TV에서 자기를 죽였다며 동네의 자상한 아저씨를 무서워하는 어린아이가 나오는 장면을 보니 전생을 기억하는 것은 비극이라는 생각이 든다. 아이는 자신이 전생에 외할아버지 집 돼지였는데 그 아저씨가 자신을 잡아 죽였다며 아저씨를 볼 때마다 겁에 질려 했다. 현재의 가족과 살면서 전생의 가족이 생각나고, 지금 내 이웃이 전생의 원수였음을 나만 기억한다면 그것은 재앙임에 틀림없다. 환생을 한다면 또렷하게 기억되는 전생의 나와 지금의 나는 다른 육체를 지닌 같은 인물일까, 아니면 같은 영혼을 지닌 다른 인물일까.

가끔 드라마를 보다가 채널을 돌려버리고 싶을 만큼 오글거릴 때가 있다. 이룰 수 없는 사랑에 헤어짐을 결심한 남자는 여자를 끌어안고 오열한다. 다음 생에서는 꼭 내가 먼저 너를 찾을 것이며, 그때는 절대로 헤어지지 않겠다고 울부짖는다. 가출을 일삼으며 엄마를 지독하게 힘들게 하던 딸은 죽어가는 엄마의 손을 잡고 용서를 빌며 말한다. 다음 생에서는 엄마가 내 딸로 태어나라며 자기가 잘못한 만큼 딸이 아무리 잘못해도 지금의 엄마처럼 딸을 기다리고 잘 지켜주겠노라 약속한다. 작가는 시청자의 눈물샘을 자극하기 위해 그런 장면을 넣었는지 모르겠지만 까다로운 시청자님은 중얼거린다.

'다음 생에 다시 만난들 내가 너를 알겠느냐, 네가 나를 알겠느냐? 전생을 기억하지도 못하는데 찾긴 뭘 다시 찾아?'

「스틸 앨리스」라는 영화가 떠오른다. 알츠하이머를 소재로 한 영화 중 유독 그 영화가 기억에 남는 건, 기억을 잃어가면서도 삶을 유지하기 위해 애쓰는 그녀에게 공감이 간 탓이다. 「Still Alice」라는 영화 제목처럼 기억을 잃어가도, 사회적 지위를 잃고, 더 이상 꾸미지 못해 초췌해져도 그녀는 '여전히 앨리스'이기 위해 노력한다. 전생을 기억하는 사람들의 이야기를 보면서 알츠하이머를 다룬 영화가 떠오른 것은 아마도 기억이라는 공통점 때문인 것 같다. 아무도 기억하지 못하는 곳에서 혼자만 전생을 기억하는 것과 누구나 다 기억하는 것을 혼자만 기억하지 못하는 것 중 어느 것이 더 고통스러울까 하는 생각을 해본다.

조발성 알츠하이머에 걸린 것을 안 주인공은 차라리 암에 걸리는 편이 좋았을 것이라고 말한다. 암에 걸려 고통스럽게 죽어가는 편이 낫다는 앨리스의 말처럼 기억을 잃어가는 것은 끔찍한 일이다. 점점 기억을 잃어가는 그녀는 지금이 내가 나일 수 있는 마지막 시간이라는 마음가짐으로 병의 진행을 더디게 하기 위해 애쓴다. 말하는 중간 잊을 것을 대비해 한 문장 한 문장 손끝으로 짚어가면서, 스스로를 몰아붙이지 말고 순간을 살며 상실의 기술을 배워야 한다는 앨리스의 연설은 알츠하이머 환자와 그 가족들에게 감동과 희망을 준다.

내 앞에 있는 내 아이를 기억하지 못하고, 단어를 잃어가고, 운전석에 앉아 시동 거는 법을 잊어버리고, 인생의 행복했던 순간들을 잃어가는 것은 참혹하다. 기억을 잃어가는 것은 내 전부가 사라지는 느낌이라는 앨리스의 말처럼 나 자신을 잃어가는 일이다. 내가 살아왔던 시간들을 기억 속에서 내몰고, 내가 어떤 사람이었는지를 기억하지 못하고, 나를 돌봐주는 가족들 사이에서도 혼자라는 상실감을 느껴야 하는 것은 생각만으로도 가슴 먹먹한 일이다. 더 가슴이 아픈 건 그런 나를 지켜보며 삶이 무너지는 사람이 바로 내가 가장 사랑하는 사람들이라는 사실이다.

다음 생에 다시 만나기를 기원하는 사람들은 과연 다음 생이라는 것을 생각이나 해보고 말한 것인지 궁금하다. 아무도 우리를 기억하지 못하는데 다음 생에서 다시 만난들 부모님은 전생의 부모님과 똑같이 결사반대를 할지도 모른다. 어쩌면 이번 생에선 전생과 반대로 여자의 부모님이 나를 반대할 수도 있고, 여자가 진즉에 더 잘난 남자를 만났을지도 모른다. 더군다나 주위 사람 누구도 기억하지 못하는 일을 나만 기억하고 찾아다니면 정신이상자로 몰릴지도 모르겠다. 다음 생에 잘해주겠다는 말은 아무 의미없다. 현재의 이 순간에나 남의 눈에서 눈물 빼지 말아야 할 일이다.

전생을 기억하며 지금을 사는 것이나, 지금까지의 내 삶을 잃어가며 나로 남기 위해 애쓰며 사는 것은 경중을 따질 수 없을 만큼 고통스러운 일이다. 누구나 상실의 시간을 맞는다. 이 세상을 떠나는 순간, 기억도 재산도 육체도 더 이상 내 것이 아니다. 상실의 시간을 어떻게 맞을지 고민하는 것은 비단 앨리스에게만 필요한 것은 아니다. 누구나 과거의 모든 것을 다 기억하며 살지는 않는다. 기억하고 싶은 것을 기억하기도 하지만, 때론 절대 기억하고 싶지 않은 것을 화상처럼 지니기도 한다. 기억하고 싶은 것도 함께 이야기하며 공유할 때 추억으로 남아 아름답고, 기억하고 싶지 않은 것도 함께 공유하고 위로받을 때 치유가 되는 법이다. 기억이란 타인과 공유해야 빛나고 아름답다.

(2017. 10)

# 4부

# 혼자만의 약속

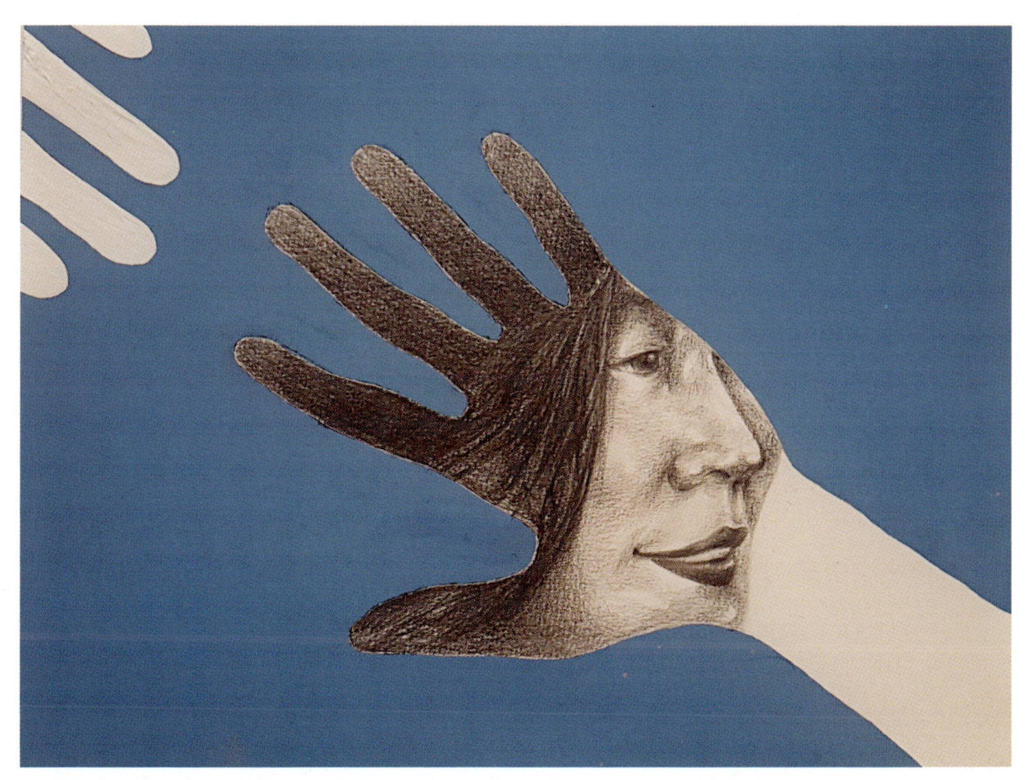

창가 자리에 앉으면서 나름의 규칙이 있다고 생각하고, 사람들의 편리함을 위해 만들어진 무언의 약속이라 여겼지만, 사실은 나 혼자만의 약속이었던 셈이다. 아무도 모르는 규칙을 정하고, 내 안의 질서 속에서 평안함을 느끼며, 그 질서를 따르지 않는 사람에게 짜증이 난건 너무도 독선적이고 우스운 일이다.

# 친절과 오지랖

옷장을 뒤져 한복을 끄집어낸다. 약혼식에 입었던 꽃분홍 한복, 함 들어오던 날 입은 노랑저고리에 빨간 치마, 남동생 결혼식 때 입은 카키색 한복…. 이 한복들은 아마도 필요에 의해 맞춰 입고는 세탁도 안 하고 넣어뒀을 듯싶다. 많아야 두어 번 정도 입었을라나, 얼마나 오래되었는지 걸어놓은 두루마기 위에는 먼지까지 덮여 있다. 커다란 상자를 가져와 한 벌씩 챙겨 상자 안에 쌓는다.

내친김에 아이들이 어려서 입던 한복도 꺼내온다. 친정아버지 칠순 때 해준 옷이니 초등학교, 중학교 시절 맞춘 것이다. 벌써 17년 전 일이라 훌쩍 자란 아이들에게는 맞지도 않는다. 이제는 성인이라 입을 일도 없는데 장롱이 비좁다 하면서도 버리지 못했다. 보관이 아니라 게으름 탓이겠지만 이런 기회가 아니면 옷장 정리를 하더라도 다시 고이 모셔놓을 것만 같다. 상자를 닫아 테이프로 봉하고 낯선 주소를 그 위에 붙인다.

며칠 전, 대학 친구들과 만나 동대문 성곽길을 걸었다. 도심에 이런 곳이 있나 싶을 정도로 성곽공원은 잘 조성되었다. 하늘은 유난히 파랗고, 언제 40도를 육박하는 더위가 있었나 싶게 9월의 날씨는 청량하다. 한 친구가 이화동 벽화마을을 TV에서만 보고 말로만 들었다며 한번 가보자고 한다. 흥인지문에서 시작해 가톨릭대학교 뒷길까지 올라갔다가 다시 이화동 벽화마을로 내려왔다. 마을로 들어서자 한 아주머니가 반갑게 다가와 사진을 찍어주겠다고 한다. 뜻밖의 친절이 당황스럽다. 벽화마을이 사진 찍으면 예쁘게 나오니까 사진이 잘 나오는 장소에서 3장쯤 찍어주겠노라며 핸드폰을 달라고 한다. 아마 여기가 유럽의 어느 곳이었다면 혹시 핸드폰을 들고 튈까 싶어 망설였을지도 모른다. “그럼 한 장만 부탁드릴게요.” 하며 친구가 핸드폰을 내민다.

핸드폰을 받아 든 아주머니는 파란 담벼락에 두 명을 세우고, 그 집의 하얀색 문 앞에 두 명을 세운 후, 연속으로 셔터를 누른다. 단체 컷이 끝나니 이번엔 한 명씩 물뿌리개를 들고 화분에 물을 주는 시늉을 하라며 독사진을 찍어준다. 같이 담소를 나누던 마을 분들이 뭔 오지랖이냐며 대충하라고 웃으며 말한다. 핸드폰을 받아들려고 하니 다음 장소로 이동하자고 한다. 격자무늬 유리창이 커다란 빵집 앞에서는 요렇게, 초록 대문 앞 벤치에서는 저렇게, 골목길을 걷다가 돌아보라는 등 다양한 포즈를 요구하며 사진을 찍어 준다. 이쯤 되니 슬슬 부담스러워지는 건 나뿐만이 아니었나 보다. 누군가 오늘은 바빠서 그냥 가야 하는데 다음에 오면 어느 매장을 이용하면 되겠냐고 묻는다.

아주머니는 이 동네에서 한복집과 작은 분식집을 운영한다며 자신의 분식집 안으로 이끈다. 이 식당의 노란색과 파란색 벽이 사진이 예쁘게 나온다며 또 여러 장을 찍어준다. 대신 집에 돌아가서 오래된 한복이 있으면 세탁을 안 해도 되니 착불로 부쳐 달라고 한다. 이곳을 찾는 관광객들에게 한복을 대여하는 일을 한다는 말에 주소를 받아들고 그곳을 떠났다.

우리는 그 사장님이 최소한 자신의 가게에서 차라도 마시기를 바랄 줄 알았다. 물론 집에 가서 한복을 보내달라고는 했지만 그야 보내도 그만, 안 보내도 그만일 일이다. 그분 또한 자신이 친절을 보인 여러 명 중 한 명이라도 한복을 보내 주면 감사할 뿐 기대도 안 했을 것이다. 그냥 그렇게 해서라도 마을의 이미지가 좋아지고, 상권이 활성화되기를 바라는 마음이 전해진다. 그분의 친절을 잠시나마 오해한 일에 죄송스런 마음이 든다.

벽화마을이라는 같은 공간이지만 어느 집 담벼락에는 '우리도 조용하게 살 권리가 있다' '투쟁' '재산권' 등 빨간 글씨로 갈겨 써 놓아 폐허 같은 곳도 있다. 관광객들 때문에 얼마나 시끄러웠으면 자기 집 담에 저런 걸 써놓았을까 안쓰럽기도 하지만 음침한 기분이 들기도 했다. 집주인과 세입자, 상권으로 변한 집들과 주거용 집들과의 입장 차이를 한눈에 보는 것 같아 우중충하고 우울했던 마음이 한순간에 씻겨 나간다.

요즘 사람들은 웬만하면 남의 일에 참견을 안 한다. 길에 쓰러져 있는 사람을 봐도 119에 신고 전화는 넣어도 가까이 가서 살펴보려고 하지 않는다. 남의 일에 관심 갖고 친절을 베풀면 주위에선 '오지라퍼'라고 놀리기(?)까지 한다. 낯선 사람이 나에게 호의를 베풀면 무슨 저의가 있는 건 아닌지 의심부터 한다. 남을 배려하면 손해를 보고, 모르는 사람에게 친절을 베풀거나 낯선 사람의 호의를 받아들이면 잘못 엮일 수 있다는 생각을 하기 때문이다.

한복집 사장님의 친절은 평소 남의 일에 관심 갖는 건 오지랖이라며 타인에 대한 무관심을 합리화한 나를 돌아보게 한다. 그가 그동안 얼마나 많은 사람들에게 친절을 베풀고, 그들 중 몇이나 한복을 보냈는지는 알 수 없다.

그러나 자신의 친절이 한복이 되어 돌아올 것이라고 별 기대하지 않았을 그분이, 친절은 친절로 돌아올 수 있다는 사실을 느끼도록 하고 싶다. 그의 친절이 누군가에게는 오지랖으로 불릴지 모르지만, 또 다른 누군가에게는 진실한 감동으로 다가왔음을 알아주면 좋겠다. 한복이 가득 든 커다란 상자를 낑낑거리며 들고서도 우체국 가는 길이 가볍다.

(2018. 9)

# 생각하기 나름

마흔일곱은 새로운 인생을 꿈꾸기엔 적지 않은 나이다. 빛나던 젊음은 바래진 헝겊 조각처럼 희미해져 원색을 알아보기 힘들고, 꿈꾸던 미래는 현실과 너무 멀어져 잡을 용기조차 갖지 못하게 되었다. 새로운 시작을 하기에는 익숙함을 버릴 용기도, 자신감도 부족하다. 아이들이 품을 벗어 나니 마치 내가 없어지는 기분이 든다. 무기력한 시간이 흐르고 어느 순간 잃어버린 내가, 가슴 한 구석 자리한 잊고 있던 꿈이, 몸 밖으로 튀어나오려고 아우성친다.

서울시 교육청 후원으로 고려대학교에서 열리는 방과후학교 교사양성 프로그램을 알게 되었다. '교원자격증 소지자 우대'라는 문구를 읽는 순간 바로 이거라는 생각에 가슴이 뛴다. 관심 없다는 친구를 꼬드겨 함께 지원서를 냈다. 발표 날, 개별 연락을 준다기에 연락 없는 애인 전화를 기다리듯 울리지 않는 전화기를 들여다보고 또 들여다본다. 저녁 무렵, 친구에게서 다음 주부터 강의를 들으러 오라는 연락이 왔다는 전화가 왔다.

친구와 나는 결혼하고 전업주부로만 살았다. 둘 다 결혼 후의 사회생활 경험은 없고, 학력도 별반 차이가 없다. 차이점이라곤 지원서 하단을 차지하고 있는 단 석 줄의 지원동기뿐이라고 생각하니 '도대체 왜?'라는 의문이 떠나지 않는다. 어떤 대목이 교사자격증 소지라는 프리미엄을 업고도 선발자의 기준에 미달이었는지 정말로 궁금했다. 앞으로 일을 갖기 원한다면 그것은 아주 중요한 일이라는 생각이 든다. 지원동기가 탈락의 원인이 됐다면 고쳐야 된다는 순수한 마음에서 선발기준을 알고 싶다는 메일을 보냈다. 지원자의 학력이 아니라 지원동기와 봉사활동을 중요하게 봤다는 원론적인 답변만 왔다. '지원자의 학력이 아니라'는 대목에서 상대방이 문의 메일이 아닌 항의 메일로 인식했다는 느낌이 들었다.

며칠 후 '방과후학교 교사 양성과정'에서 아깝게 탈락됐는데 함께 모집한 '자기주도 학습전략' 과목에 자리가 하나 났으니 수업을 듣겠냐는 전화를 받았다. '우는 아이 떡 하나 더 준다.'는 속담처럼 메일까지 보내며 극성을 떤 의욕을 높이 사서 한 번 더 돌아봐줬나 보다.

교사라는 이루지 못한 꿈을 향해 도전하는 첫걸음이라는 기대감과 학습 전략을 공부해서 더 잘 지도하고픈 욕심으로 강의실로 들어섰다. 출석을 부르고 나니, 출석부에 이름이 없는 사람이 한 명 더 있다. 대기자인데 무작정 와봤다고 한다. 대기자라는 말을 듣는 순간 가슴이 철렁한다. 나에게 온 자리가 누군가의 기회를 뺏은 거라는 생각이 들어서다. 나도 모르는 사이에, 내 의지와는 상관없이 일어난 일이지만 남에게 피해를 줬다는 생각에 마치 죄를 지은 것만 같다. 대기자가 있음에도 불구하고 굳이 다른 수업에 지원한 탈락자를 부른 속내를 알 수 없다. 손들어 굴러들어온 돌임을 고백하고 차라리 내가 나가겠노라 말하고 싶다.

지원자가 많아 자원봉사 하는 사람을 우선적으로 뽑았다는 말을 들으니 스스로가 부끄러워 견딜 수 없다. 지원동기의 어떤 부분이 잘못됐냐는 물음으로 포장했지만, 마음 깊은 곳에서의 의문은 소위 SKY 출신이고 교원자격증도 있는데 왜 떨어뜨렸냐는 것이었는지 모른다. 그동안 아무것도 해놓은 것도, 노력한 것도 없으면서 잘난 척 항의를 했다고 생각하니 그 자리에서 사라지고 싶었다. 왠지 모르게 주눅이 들어 강사의 말이 들리지 않는다. 한없이 작아진 마음으로 수업을 들으니 아는 것도 모르는 것 같다.

자기소개를 하는데 전업주부인 사람은 나를 포함하여 세 명밖에 안 된다. 다들 대학원에서 공부를 계속하고 있거나, 교사를 하다가 재충전을 위해 쉰다거나, 복지관에서 교육 봉사를 하고 있다고 한다. 거기다 나이는 왜 그렇게 많은지 강의실에 앉아 있는 스무 명 중에 족히 동메달은 되는 듯싶다. 나이는 많고 해놓은 것은 없는 현실을 직시하고 나니 조금 전까지 들뜬 마음이 좌절감과 부끄러움으로 바뀐다.

결원이 있어서 대기자도 결국 출석부에 이름을 올렸다. 다행히 마음의 부담을 덜고 수업을 듣게 된 것이다. 생각하기 나름이고 칼날에는 양면이 있다. 수업을 듣겠다 하고 말없이 빠진 사람은 참여하고 싶은 누군가의 기회를 뺏은 것이지만, 달리 생각하면 꼭 하겠다는 의지를 지닌 또 다른 누군가에게는 기회를 준 셈이다. 어쩌면 왜냐고 따지고 들어 다른 수업이나마 듣게 된 나보다 무조건 들이밀고 들어온 대기자가 더 황당한 경우인지 모른다. 그러나 우리는 다른 사람의 기회를 뺏거나, 앉아서 잃은 것이 아니라 당당히 잡은 것일 수도 있다. 구하면 얻을 것이고 두드리면 열릴 것이라는 말도 있지 않은가.

매 수업마다의 '수업에 대한 성찰'과 일주일에 한 번씩 제출하는 수업지도안은 살림만 하던 아줌마에겐 적잖은 부담이다. 과제를 해가지 않으면 남의 기회까지 빼앗고 들어와서 그것밖에 못하냐는 욕을 먹을 것 같다. 다른 누군가의 자리를 꿰차고 앉았다는 죄책감은 두 사람 이상의 값어치를 해야 한다는 책임감을 갖게 한다. 예전보다 시간을 쪼개 써야 하지만 홍삼이라도 다려먹은 듯 오히려 활력이 솟아난다.

기회는 꿈꾸는 사람에게 찾아오고 잡고자 하는 사람만이 잡을 수 있다. 8주간의 길지 않은 시간이지만 새로운 시작을 꿈꿀 수 있는 용기와 자신감이 생긴다.

(2009. 10)

# 혼자만의 약속

약속이 없는 날이면 10시쯤 동네 스타벅스에 간다. 요즘의 새로운 낙이다. 2층 창가에는 1인용으로 앉을 수 있는 자리가 마련되어 있다. 창가에 긴 테이블이 ㄱ자로 있고 창을 바라보며 앉을 수 있는 의자가 쭉 놓여 있다. 내가 좋아하는 자리다. 창을 바라보고 앉아 있으면 밖이 잘 보이고 밝아서 좋다. 뒤는 보이지 않으니 신경 쓸 일도 없다. 적당한 소음은 책 읽기에도 스마트폰을 뒤적이기에도 적당하다.

올같이 더운 여름, 커피 한 잔이면 두어 시간을 시원하게 앉아 있을 수 있으니 이보다 경제적인 것도 없다. 혼자 집에 앉아 에어

컨을 켜고 있는 건 국가적인 낭비 아니겠는가. 건물 앞에서 스타벅스 2층을 올려다본다. 창가 자리가 만석인 듯 보일 때는 들어가기 전부터 한숨이 나온다. 오늘 하루를 잃은 것 같은 기분이다. 어느 자리에 앉아야 할까 하는 생각에 계단을 올라가는 발걸음도 무겁다.

1인용 창가 자리에 앉을 때는 나름의 규칙이 있다. 의자 한 개의 자리만큼 테이블을 사용하면 자리가 비좁다. 그 자리를 애용하는 사람들은 보통 노트북을 켜고 있거나, 책과 노트를 펼쳐놓고 공부하기 때문에 일인당 두 개의 의자와 그만큼의 자리를 차지한다. 사람이 앉은 옆 의자에는 가방을 놓고, 가방 자리의 테이블 위에는 커피나 책, 기타 소지품을 놓는다. 누가 정해준 것도 아닌데 대부분 그렇게 앉는다. 그것을 고려한 듯 천장의 전등조차 두 자리에 한 개씩 배치되어 있다.

2층에 올라가서 창가를 봤을 때, '사람, 가방, 사람, 가방' 순이어야 하는데 가끔 '사람, 가방, 가방, 사람'이 앉아 있을 때가 있다. 그때는 정말 고민이다. 사람 옆에 가방을 놓아야 할지, 순서대로 내가 앉고 옆 의자에 가방을 놓아야 할지 모르겠다. 자리를 잡으면서 더 고민일 때는 중간에 세 자리가 비었을 때다. 사람 옆에 가방을 놓고 앉았는데, 옆 사람이 가버리고 다른 사람이 와서 가방 자리에 앉고 옆에 가방을 두면 나는 졸지에 가방 옆에 가방을 둔 경우 없는 사람이 되는 것 같아서다. 그럴 땐 나중에 온 사람이 나와 같은 갈등을 겪을까 봐 슬그머니 가방과 나의 자리를 바꾸거나 내 의자 뒤에 가방을 걸어서 한 자리만 차지하기도 한다.

다른 사람들의 생각은 모르겠다. 그냥 들어와서 빈자리에 편하게 앉는 게 카페니까 나 같은 생각을 가진 사람은 없을지도 모른다. 나 역시 처음부터 그런 건 아니다. 일주일에 한두 번 가다 보니 무언의 질서가 보이기 시작했을 뿐이다. 그렇다고 해서 가방 옆자리에 가방을 둔 사람 때문에 자리에 앉으면서 고민을 하는 건 너무 지나친 게 아닌가 싶기도 하다.

직장 때문에 따로 나가 사는 큰아들이 "엄마, 어디세요?"하고 카톡을 보내왔다. "열공 인 스벅"이라고 답을 보내자 점심을 사주겠다며 왔다. 며칠 만에 보는 엄마라고 옆자리에 앉아서 열심히 이야기를 해준다. 순간적으로 깜짝 놀라 입에 검지를 대며 "쉿~!" 하니, 아들이 어이없다는 표정으로 여기는 카페이지 도서관이 아니란다. 옆 사람들이 다 공부하기에 나도 모르게 도서관인 줄 알았네 하고는 같이 웃었다.

이 라인에선 두 명이 와도 공부를 하다 소곤거리는 경우는 있어도 나란히 앉아 수다를 떠는 사람은 거의 없다. 대부분 혼자 와서 자신의 일을 하다가 전화라도 오면 통화를 하는 게 말을 하는 유일한 순간이다. 간혹 옆 사람이 한참을 통화할 때가 있긴 하다. 그걸 들으며 '나가서 좀 받지'라며 짜증이 나는 건 갱년기 아줌마의 신경질인 것 같아 걱정스럽기도 하다.

카페에 온 사람들은 자기가 좋아하는 자리에 앉을 테고, 나중에 온 사람들이 그 사이사이를 채우다 보면 사람 옆에 사람이 앉을 수도 가방 옆에 가방을 두고 앉게 될 수도 있다. 카페에서 전화받고, 같이 온 사람들과 대화를 나누는 건 당연한 일이다. 그들은 그것을 하기 위해 비용을 지불하고 카페에 들어왔을 테니 말이다. 조용하게 혼자 앉아 있고 싶으면 도서관에 가야 했다.

신경 쓰는 게 더 이상하다. 카페에서 아무데나 앉는다고 해서 남에게 피해를 주는 건 아니다. 자리에 앉을 때 순서가 있다거나 창가 자리에선 떠들면 안 된다는 규칙이 있는 것도 아니다. 그런 규칙이 있는 커피숍은 사람들이 찾지도 않는다. 창가 자리에 앉으면서 나름의 규칙이 있다고 생각하고, 사람들의 편리함을 위해 만들어진 무언의 약속이라 여겼지만, 사실은 나 혼자만의 약속이었던 셈이다. 아무도 모르는 규칙을 정하고, 내 안의 질서 속에서 평안함을 느끼며, 그 질서를 따르지 않는 사람에게 짜증이 난건 너무도 독선적이고 우스운 일이다.

나이 들수록 불만이 많아지는 것 같다. 남을 배려한답시고 머리 굴리다가 나와 같지 않음에 당황할 때도 있다. 살아온 시간이 길어진 만큼 타인을 이해하는 마음도 생기지만, 반면에 나와 다름에 화가 날 때도 많다. 모두가 내 맘 같지 않고, 나 역시 남의 마음에 쏙 드는 스타일이 아님에도 불구하고 말이다.

오늘은 창가 자리에 한 명이 앉아 있다. ㄱ자로 꺾어지는 코너에 짐을 놓고 한자리만 차지하고 있다. 그의 옆에 가방을 놓고 앉으려다 그냥 중간쯤에 두 자리를 차지하고 앉는다. 잠시 후 한 남학생이 와서 내 옆에 앉으며 그의 왼쪽 자리에 가방을 놓는다. '아니, 왜?….' 신경 쓰지 않으려고 중간에 딱 버티고 앉았으면서도 생각은 바뀌지 않는다. 나중에 온 여학생은 내 가방 옆자리의 한 자리 남은 곳에 앉아 자연스럽게 내 가방 자리 테이블을 반 나누어 사용한다. 우리 둘 다 아무 말 하지 않았건만 어느새 나는 내 쪽으로 소지품을 당겨놓았고 그 학생은 그 옆에 책을 쌓아두었다. 어느 누구도 불편하지 않았으며, 그 누구도 자리에 신경 쓰지 않았다.

(2018. 10)

# 누가 고양이고 누가 쥐란 건지

백 년 만의 추위라던 지난겨울도 누군가에겐 따뜻하게 기억되고, 유난히 따뜻한 겨울도 어떤 이에겐 추위로 얼어 죽을 것 같던 고통스런 겨울로 기억되기도 한다. 그러고 보면 사람들에게 있어 '지난겨울'이란 물리적 추위가 아닌 자신의 상황을 빗댄 마음의 표현일지 모른다.

큰아이가 군대에 가고 작은아이는 고3을 앞둔 방학이라 학원에서 밤 12시가 다 되어 돌아오니 내 시간이 많아졌다. 주위에서 갑자기 할 일이 없어지면 우울증에 걸리거나 폭삭 늙어버리는 수가 있으니 일을 가져보라고 권한다. 결혼하고 집에서 살림만 했는데 갑자기 무슨 일을 할 수 있을까 싶다. 쉰을 코앞에 둔 나이는 마트에서 계산원을 한다고 해도 받아주지 않는 나이고, 동기 중엔 이미 명예퇴직을 한 사람도 있는데 말이다.

지난 연말에 우연히 다문화가정 한국어 강사 모집 공고를 보게 되었다. 다문화가족 지원센터에서 구별로 모집하는데 보수는 적지만, 시간도 자유롭고 4대 보험도 되는 10개월짜리 계약직이다. 계약직이라도 본인이 원하고 자격을 취득하거나 유지하면 재계약이 가능한 안정된 직장이다. 1차 서류전형에 합격되었다는 전화를 받고 1월 초에 2차 면접을 보았다. 그날 오후 인터넷에 뜬 합격자 명단에서 내 이름을 확인하곤 세상을 다 가진 기분이었다. 그래, 나 아직 죽지 않았어. 누구의 엄마가 아닌 내 이름으로 무슨 일인가를 해낸 것이 언제였는지 기억이 까마득하다. 높은 경쟁률을 뚫고, 서류와 면접을 통과해서 정부기관에 취업했다는 사실이 기쁘고 자랑스러웠다.

5일간의 교육 일정을 앞두고 오리엔테이션이 있었다. 그날이 마침 모임이 있는 날이라 오후에 있는 오리엔테이션 때문에 일찍 자리를 뜨면서 마음껏 축하를 받았다. 이 나이에 4대 보험이 되는 곳에 취직이라니 대단하다는 말에 "응. 나 진짜 대단해."라는 농까지 하며 여유도 부려본다.

다음 날 오후, 다문화센터 팀장의 전화를 받았다. 자기가 실수로 한 명을 더 뽑았는데 내가 서류에서 가장 낮은 점수를 받았으니까 나가야 된다고 말한다. 기가 막혀서 눈물만 나고 아무 말도 할 수가 없다. 자신도 일정 부분 실수한 게 있으니까 대신 센터 내의 부모지도사로 활동할 수 있도록 추천해 주겠다고 한다. 일단 말을 이을 수가 없어서 끊겠다고 했다. 억울하기도 하고 자랑한 게 창피해서 밤새 뒤척거렸다.

알아보니 인터넷에 합격자 명단도 떴고, 이미 오리엔테이션도 받았기 때문에 명백한 부당해고로 고소할 수 있다고 한다. 팀장에게 전화해서 "이거 부당해고라고 하던데…."라는 말을 하기가 무섭게 내 말을 자른다. 그리고는 싸늘한 목소리로 고소할 테면 해라, 이쪽에서도 법적 대응을 준비하겠다고 한다. 그럴 생각이 하나도 없기에 순간 꼬리를 내리며 면접이나 오리엔테이션 때 봐서 알겠지만 내가 그런 주제가 되느냐, 그냥 그만큼 억울하다는 얘기를 하고 있는 거라고 했다.

"그야 모르죠. 쥐도 궁지에 몰리면 고양이를 무는 법이니까요."라는 대답이 돌아온다. 그리고는 회유하는 사람 특유의 부드러운 억양으로 자기랑 잘 지내면 좋은 일이 생길 거다, 자기는 다른 데 추천해서 취직도 시켜줄 만한 위치에 있다는 이야기를 한다. 부모지도사는 정규직이라 보수나 대우 면에서 한국어 강사에 비할 바가 아니라는 말도 잊지 않는다. 그냥 그렇게 기다리겠노라는 말을 하고 전화를 끊었다.

화병이 생긴 건 그 이후다. 취업을 못한 것보다 더 억울하고 분한 건 그때 누가 고양이고 누가 쥐란 말이냐고 따지지 못한 거다. 지금 잘못한 건 그 팀장이다. 난 적격자라는 판단으로 서류를 통과하고, 경력이나 자격증 등 서류에서 밀린 점수를 면접으로 만회해서 정당하게 합격한 사람이다. 정당한 내가 힘을 가진 자이고, 한 사람에게 상처 주는 커다란 실수를 한 그가 나를 두려워해야 되는 게 맞는 말이어야 한다. 이 일을 걸고넘어지면 어떤 형태로든 책임을 질 수밖에 없는데, 왜 내 앞에서 그토록 당당했는지를 이해할 수 없다.

그는 취업하려는 내가 약한 자이고, 그것을 손에 쥐고 있는 자기가 권력을 쥐고 있는 사람이라는 착각을 한 것 같다. 오리엔테이션 오면서 친구들한테 취직했다고 자랑했는데 어떡하느냐는 내 말에 "선생님, 정말 잘나신 거 맞아요. 그 정도면 자랑하셔도 돼요."라고도 했다. 시간이 지날수록 그 말은 비수가 되어 가슴에 꽂힌다. 아무 경력도 없는 주제에 나가라면 나가지 웬 말이 그렇게 많으냐는 비웃음으로 돌아와 상처로 남는다.

그는 요란하게 취업 축하를 받은 지 하루 만에 자신의 실수로 해고 통지를 받은 나에게 정중하게 사과를 해야 했다. 그건 인간에 대한 최소한의 예의다. 그런 종류의 사람들은 순간만 모면하려고 할 뿐 약속 따위는 안중에도 없다는 걸 알면서도 솔직히 다른 곳에 추천해 준다는 연락이 오지나 않을까 기다리기도 했다. 그 허황된 기다림이 나를 더 비참하고 씁쓸하게 만든다. 아마도 그녀는 더 이상 귀찮게 하는 전화가 오지 않는 것만을 안도하며 나 같은 건 잊은 지 이미 오래일 것이다.

친구들은 이번에 조용히 물러난 대신 내년에 1순위로 뽑아준다는 확답을 받아 놓으라고 하지만, 내 손가락은 다문화 지원센터의 전화번호를 누르는 것을 거부한다. 인간에 대한 예의를 모르는 사람과는 한순간도 함께 일할 수 없다는 거창한 이유를 대면서….

이미 따듯한 봄 햇살은 두꺼운 외투를 벗겨 버렸지만, 아직도 내 가슴은 황량하고 을씨년스럽던 지난겨울을 기억하고 있다.

(2011. 3)

# 트루먼 쇼

주말 버라이어티 쇼에서 CCTV를 소재로 한 프로그램이 방영된다. 출연자들이 한 명씩 방을 나가면 나머지 사람들은 CCTV로 먼저 나간 사람들이 어디서 무엇을 하는지 지켜볼 수 있다. 사람들의 엿보기 심리를 만족시켜 주려 결심한 듯 출연자들은 일부러 코믹한 행동을 해서 웃음을 자아낸다.

TV 화면을 보며 낄낄대다 멈칫한다. CCTV 화면을 비출 때나 TV 화면을 볼 때나 화질에 별 차이가 나지 않아서이다. CCTV라면 경비실에 붙어있는 화질도 좋지 않은 흑백 영상만 생각하다가 깔끔한 칼라로 보니 당황스럽기까지 하다. 순간 CCTV로 운동화의 모양과 색깔을 확실하게 알 수 있다던 관장의 말이 이해된다.

피트니스 클럽에 갔는데 신발장에 놓아둔 운동화가 보이지 않았다. 운동화는 신발장의 자기 이름이 쓰인 자리에 넣게 되어 있다. 위부터 쭉 훑어보며 한참을 서 있으니 관장이 와서 무슨 일인지 묻는다. 운동화가 보이지 않는다고 하니까 탈퇴자가 아직 찾아가지 않은 운동화를 빌려주면서 운동하고 있으라 한다. CCTV가 설치되어 있어서 찾을 수 있을 것이라는 말을 듣고 깜짝 놀랐다. 이 센터에 다닌 지 벌써 6년이 되었건만 이곳에 CCTV가 설치된 줄도 몰랐다. 그제야 신발장 옆 벽면에 조그맣게 붙어있는 'CCTV 작동 중'이라는 글귀가 눈에 들어온다.

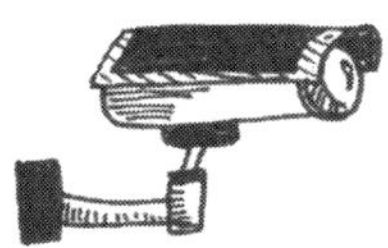

집에 가는데 관장이 금요일 저녁 9시 48분에 신발장에 신발을 넣은 것까지 확인했으니 16배속으로 돌려보면 금방 찾을 수 있을 것이라 한다. CCTV 성능이 좋아서 신발 색깔이랑 모양이 확연히 드러나 찾기 쉬울 것 같단다. 비싼 기기라 아까웠는데 돈 값을 하는 것 같다고 말하며 만족스런 표정을 짓는다. 순간 오싹한 느낌이 든다. 범인을 찾기 위해 돌려보는 CCTV에 내가 등장한다는 사실이 이상하게 기분 나쁘다. 범죄 현장에서 증거품을 들고 있다는 사실 자체가 마치 내가 범죄와 연관된 느낌이다. 왠지 다음 화면에 내가 운동화를 들고 집에 가는 장면이 나올 것만 같다. 주말이라 빨려고 집에 가져간 것을 깜빡 잊고 여기 와서 찾는 것은 아닌지 불안하기까지 하다. 신발장에 운동화를 넣고 돌아서는 내 모습이 정지된 화면처럼 뇌리에 남아 아른거린다.

언제부턴가 우리는 하루 종일 CCTV에 노출되고 있다. 거리를 걸을 때, 지하철을 탈 때나 ATM에서 현금을 인출할 때도, 하다못해 운동을 하면서도 찍힌다. 너무나 당연하고 당당하게 설치되었기에 찍히든 말든 이젠 웬만해선 신경도 쓰이지 않는다. 그 화면들은 지하철의 성폭력범이나 소매치기를 잡으려 할 때, 혹은 보이스 피싱 피의자를 잡으려는 목적으로 지금도 무수히 돌아가고 있을지 모른다.

얼마 전에 모 공보위원의 정치적 협박과 관련된 기사가 났다. 그는 자기 차를 타고 가다가 친구 간에 한 사적인 통화였을 뿐 정치적 의도는 없다고 주장했다. 그러자 그를 태웠던 택시기사가 저렇게 말해도 되나 싶을 정도로 협박에 가까운 통화를 들었다고 증언한다. 그때까지도 자기 차를 이용했다고 우기던 그 위원은 택시기사가 블랙박스를 공개하겠다고 하자 꼬리를 내렸다. 택시기사를 통해 집에서 선거 사무실까지의 차량운행 경로 기록이 정확하게 나오고, 택시에서 내려 통화하는 CCTV 영상까지 전 국민에게 중계되었다. 내가 어디서 무슨 일을 했는지 숨기고 싶어도 어디선가 CCTV라는 증거가 튀어나오는 숨 막히는 시대에 살고 있는 것이다.

관장이 운동화를 찾았다며 두 손에 쥐어주는데 차라리 찾지 못한 편이 낫지 않았나 하는 생각까지 든다. 어떻게 찾았냐는 물음에 당연하다는 표정으로 CCTV가 있지 않느냐고 한다. CCTV로 확인된 사람에게 전화를 하니 '그날 다른 사람이 대신 신발을 가져 왔는데 잘못 가져왔다.'고 해서 갖고 오라고 했단다. 확인된 얼굴을 보고 전화를 했는데 다른 사람을 보냈다니 도대체 말이 안 된다. 같은 회원인데 관장의 입장도 난처하고 다른 회원들한테 소문내고 싶어하지 않는 것 같아 아무 말도 하지 않았다.

아니 누군지 알고 싶지 않은 마음이 더 크다. 그 사람을 아무렇지 않게 볼 자신도 없고, 다른 사람한테 저 사람이라고 말하지 않을 자신도 없다. 그 신발을 피트니스 클럽에서 신기는 찝찝해서 그냥 집에 들고 왔다. 운동화는 검정색에 주황색 끈이 묶여 있어 눈에 잘 띈다. 혹시 가져갔던 사람이 운동하러 왔다가 그 신발을 보고 주인이 나라는 걸 알게 되는 게 싫다. 나는 그를 모르는데 그만 나를 알아본다는 것, 더군다나 범죄와 연루되었다는 느낌이 불쾌하다.

CCTV는 우기는 사람이 이기는 게 아니라 뚜렷한 증거로 선의의 피해자를 없애고, 범인을 잡아내는 순기능이 있다. 공공장소나 도로에 설치돼 있는 것이 당연하게 여겨질 만큼 우리 사회 깊숙이 자리 잡았다. 그런데 누군가가 알고자 하면 여기저기 설치되어 있는 CCTV 영상을 돌려보는 것만으로도 나의 하루가 드러나기도 한다. 아침 몇 시에 지하철을 탔는지, 어느 역에서 내려 아침식사로 토스트를 사 먹고, 몇 시에 회사로 들어갔다가 몇 시에 퇴근해서, 어느 도로를 걷고 어느 음식점에서 누구와 무엇을 먹었는지, 몇 시에 집에 돌아왔는지 다 알 수 있는 것이다. 어쩌면 CCTV는 보통 사람들을 24시간 자신의 삶을 생방송하는 「트루먼 쇼」의 주인공으로 만들고 있는지도 모른다.

CCTV로 출연자들의 움직임을 보며 킥킥거리다 나 또한 이 시간 어딘가의 CCTV에서 16배 속으로 분주히 돌아가고 있을지도 모른다는 생각이 들자 얼굴에서 웃음기가 사라진다. 웃자고 작정하고 보는 예능 프로그램을 웃지 못한 채 어정쩡한 표정으로 볼 수밖에 없는 사람은 오늘 비단 나뿐이었을까?

(2013. 6)

## 다행이다

실수나 잘못을 하게 되면 다른 사람이 나를 어떻게 생각할까가 신경 쓰이고 중요하게 생각된다. 그러나 다른 사람 마음보다 중요한 건 그 일을 받아들이는 내 마음인 것 같다.

드디어 그분을 만났다. 거의 한 달 만이다. 엘리베이터 앞에 서 계신 어르신의 뒷모습이 보인다. 양손에 짐을 들었음에도 불구하고 정신없이 뛴다. 곁눈으로 흘깃 보니 엘리베이터가 14층에 있다. 변명할 시간은 충분하다. 어르신께서 숨까지 헐떡이며 뭘 그렇게 많이 사오냐고 묻는다.

전엔 가끔 엘리베이터나 경비실 앞에서 봤는데 꼭 만나야 한다고 생각한 후론 뵐 수가 없었다. 시간이 흐르면 말할 기회를 놓칠 것 같아 고민이었다. 정말 다행이다.

뜨거운 커피 잔을 손으로 감싸 쥐고 거실 바닥에 신문을 넓게 펼치고 앉아 1면부터 순서대로 읽는 시간은 여유롭고 행복하다. 뭐가 바빴는지 지난겨울엔 그 시간을 통 가질 수 없었다. 한 달 전쯤 그 한가로운 시간을 누리다가 오랜만에 주부 본연의 의무를 성실히 이행하고 싶어졌다. 따사롭게 느껴지는 햇살 탓인지, 신문의 양면을 차지한 커다란 E마트 광고 탓인지 붕 뜬 마음으로 장을 보러 나갔다.

인사를 하면 언제나 웃으시며 말을 건네는 4층 어르신을 만났다. 전날 우리 동 앞에는 자리가 없어서 다른 동 앞에 주차를 해 놓았다. 어르신도 가볍게 산책을 나오셨는지 뒤를 따라오신다. 시동을 걸고 차를 빼는데 우당탕하는 소리가 들린다. 뭔 일인가 싶어 차를 세웠다. 아이고…. 나오다가 옆 차의 범퍼를 긁은 거다. 범퍼만 살짝 긁혀 있을 뿐 다른 이상은 없어 보인다. 내가 긁은 쪽보다 오히려 반대쪽 범퍼가 더 많이 긁혀 있다. 이 정도는 나도 여러 번 당했지만 연락해준 사람은 아무도 없다. 연락하자니 괜히 억울한 생각이 들고, 연락했다가 옴팡 뒤집어쓰게 되는 건 아닌가 싶어 망설여진다. 어르신이 내 차를 등지고 옆으로 서서 담배를 피우고 계신다. 무슨 일이냐고 물어보셔서 이 정도 사곤데 어떡하면 좋겠냐고 의논이라도 하고 싶다. 평소에는 꼭 말을 건네는 분인데 아무 말도 안 하고 못 본 체한다. 그렇다고 그 자리를 떠나지도 않는다. 네가 어쩌는지 보겠지만 참견은 하지 않겠다는 무언의 시위라도 하는 듯하다. 잠시 고민하다가 마음은 불편하지만 그냥 그 자리를 떠났다. 백미러로 보니 그분은 아직도 그 자세로 꼼짝 않고 있다.

마트에 주차를 하고 나서 보니까 차의 오른쪽 문 두 짝이 다 긁혀 있다. 차를 오른쪽으로 돌려 나가다가 부딪쳤으면서 미련하게 앞 범퍼만 살펴보고 멀쩡한 줄 안 거다. 내 차가 긁혔다면 그 차는 분명 깨진 곳이 있을 것이다. 다시 차를 몰고 사건 현장으로 돌아가는데 심장이 터지는 줄 알았다. 만약 그 차가 나갔으면 영락없는 뺑소니라는 생각이 들어 마음이 급하다. 더군다나 명확한 증인까지 있으니 이건 빼도 박도 못할 중대 사안이다.

다행히 피해 차량은 그 자리에 그대로 있다. 자세히 살펴본다. 전조등 끝이 조금 깨져 있다. 아랫부분이라 미처 발견하지 못했나 보다. 이런 일을 예상이라도 한 듯 차 주인은 휴대폰 번호를 커다랗게 쓴 메모지를 조수석 유리 안쪽에 놓아두었다. 회사인데 집에 들어가서 차 상태를 보고 연락하겠단다. 사진을 전송하고 나니 이렇게 낡은 차를 완전히 보수하고 덤터기를 씌우면 어쩌나 싶은 생각이 든다.

보험회사에 연락하고 사고처리를 했다. 스스로에게 화가 난다. 주차된 차를 빼면서 선 안에 얌전히 주차된 옆 차를 박고 나오는 게 말이 되는가 말이다. 나이 들어 공간 감각이 없어졌다는 둥, 이방인의 뫼르소도 아니면서 햇살 때문에 장을 보러 가는 게 말이 되냐는 둥 혼자서 중얼중얼거리며 정비소로 향한다. 방귀 뀐 놈이 성낸다고 멀쩡히 있는 남의 차를 박아 놓고 오히려 짜증 부리는 내 모습에 화가 더 난다.

저녁에 차 주인에게서 문자가 왔다. 차 상태는 확인했고 보험사에서 사고접수번호가 왔으니 다음 날 정비소에 맡기겠다, 연락 줘서 감사하다는 내용이다. 사람 마음이란 게 참 단순하다. 감사하다는 마지막 구절을 보는 순간 짜증낸 게 미안해지고, 덤터기를 씌울까 봐 의심한 것도 부끄러워 얼굴이 벌게진다. 번거롭게 해서 죄송하다는 메시지를 보냈다. 하루 종일 찌푸리고 있던 얼굴도 조금씩 펴진다. 살짝 부딪쳤는데 새 범퍼로 갈아줘야 된다는 억울한 생각이 싹 없어진다. 그 차가 외제차거나 신차가 아닌 게 정말 다행이라는 생각도 든다.

순간 어르신이 생각났다. 뺑소니라는 오해를 풀어야 한다. 댁으로 찾아가서 피해 보상을 했다고 말할 수도 없다. 만났을 때 말해야 하는데 그날 이후로 어르신을 뵐 수 없어 걱정이었다. 오늘 어르신을 만나서 얼마나 다행인지 모른다. 그런데 당신은 나가는 것만 봤을 뿐 부딪치는 건 못 봤다고 한다. 그러면서도 "신고는 했다는 소리지?" 하고 물으신다. 아마도 봤으면서 모르는 체해 주시는 것 같다.

어르신이 봤든 못 봤든 그게 중요한 건 아니다. 이제야 마음의 짐을 내려놓고 떳떳해진 기분이다. 만약 그때 돌아가지 않았다면 어르신을 만날까 봐 늘 불안하고 초조했을 것이다. 그분을 만나지 못해 걱정한 것은 만날까 봐 노심초사하는 것보다 백배는 낫다. 차가 망가져서 속상했지만 돌이켜 보면 쭈욱 긁힌 게 얼마나 다행인지 모른다. 그렇지 않았다면 돌아가지 않았을 테고, 양심을 속인 죗값을 치르느라 맘이 편하지 않았을 것이다.

교회도 나가지 않으면서 갑자기 범사에 감사하라던 예수님 말씀이 생각난다. 사고로 인해서 조금 더 조심하게 됨이 감사하고, 외제차가 아닌 노후차를 박은 것도 감사하고, 스스로에게 부끄럽지 않게 됨이 다 감사하다. 오늘은 두 다리를 쭉 뻗고 잘 수 있을 것만 같다.

(2012. 3)

## 레비오사

헬스 자전거를 타면서 폰을 만지작거린다. 발만 구르고 손은 인터넷을 검색한다. 한참 전에 방송계를 떠난 미스코리아 출신 전 아나운서의 이름이 검색어 상위권에 있다. 갑작스런 등장에 무슨 사건에라도 연루됐나 싶어 기사를 클릭한다.

원예치료사라는 직업이 의외기는 하나 특별한 일이 있는 건 아니다. '사생활 동영상 파문으로 연예계를 떠났던….'이라는 대목에서 대중이 이미 연예계를 떠난 사람의 과거까지 들먹이며 근황을 알 필요가 있나 하는 의문이 든다. 그가 방송 활동을 접은 이유에 대해서는 많이들 알고 있다. 그러나 많이 알고 있다는 사실과 그것을 본인의 의사와 무관하게 타인이 까발리는 건 다른 문제다. 그 사건 때문에 활동을 접은 사람의 기사에 굳이 그 이야기를 꺼낼 필요는 없지 않나 싶다. 아울러 본인에게 이런 기사를 내도 되겠느냐는 허락을 구했는지 궁금하기도 하다.

잠깐 사이에 비슷한 기사가 많이 떴다. 그런데 걸린 표제들이 너무나 자극적이다. 아예 '리벤지 포르노' 피해자라느니 동영상을 유출한 전 남자친구의 이름이며 그의 이혼과 전남편에 이르기까지 독자가 궁금해하지도 않는 사실을 너무나 친절하게 알려주고 있다. 그에 대해 잘 모르더라도 그의 이름에 자동으로 따라붙는 연관 검색어로 인해 그에게 무슨 일이 있었는지 짐작할 수 있을 정도다. 그래도 기사에 딸린 댓글들을 보니 안심이 된다. 동영상 유출로 피해를 당한 사람의 잊고 싶은 과거사를 소환하는 건 피해자에게 또다시 폭력을 가하는 것이라는 걸 사람들이 잘 알고 있기 때문이다. 대부분 시련을 견디고 '제2의 인생'을 사는 것에 대한 응원이거나, 원예치료사와 관계없는 옛 사건을 끄집어내는 것이 잘못되었음을 지적한다.

예전엔 신문이나 방송에서 한 번 보고 잊힌 사건들이 요즘은 인터넷으로 인해 끊임없이 반복 재생된다. 당사자의 이름을 검색했을 때 자동으로 링크되기도 하지만, 때론 상관없는 일이나 다른 사람의 사건에 연관 검색어로 따라오기도 한다. 세상이 편하고 좋아진 만큼 불편함과 괴로움이 따른다. 오죽하면 '잊힐 권리'를 요구하는 세상이 되었나 싶기도 하다. '잊힐 권리'란 인터넷 이용자가 자신의 알리고 싶지 않은 기록을 페이스북, 트위터 등 소셜네트워크서비스(SNS)나 포털 게시판에서 검색되지 않도록 지워달라고 요청하는 것이다. 기사 자체를 삭제할 수는 없더라도 최소한 관련 링크로 검색되지 않게 해 달라는 이 요구는 그로 인해 피해를 보는 사람이 얼마나 많은지 생각해보게 한다.

「해피투게더」라는 TV 예능 프로그램에 흑역사를 지워주는 '레비오사~'라는 코너가 있다. '레비오사~'라는 마법의 주문도 주문이려니와 흑역사라는 단어 또한 생소하다. 흑역사는 어둠, 검은(black)을 뜻하는 한자 '흑(黑)'에 과거의 일이라는 뜻의 한자어 '역사(歷史)'를 합쳐서 만들어 낸 신조어이다. 즉 없었던 일로 해버리고 싶은 과거의 일을 뜻한다. 없었던 일로 해버리고 싶은 부끄러운 과거를 지워주는 주문이 '레비오사~!'인 셈이다.

처음엔 잊히고 싶은 과거라면서 술술 고백하는 출연자나 지워질 리가 없는 흑역사를 지워주겠다며 주문을 외치는 진행자, 모두 이상했다. 방송으로 잊히고 싶은 과거를 얘기하는 바람에 오히려 그 일을 모르던 사람들까지 알게 되고, 때로는 고백한 사람의 이름이 검색어에 올라 대중이 더 찾아보도록 만드는 게 이해가 안 갔다. 오히려 알리고 싶어 하는 게 아닐까 하는 생각이 들기도 한다.

사람은 누구나 실수를 하고, 때론 다른 사람이 잊어줬으면 하는 부끄러운 일도 생길 수 있다. 특히 방송에 나온 장면은 일명 '짤'이라고 하여 끝없이 인터넷에 떠돈다. 그것을 인터넷에서 없애거나 사람들이 볼 수 없게 하지 못할 바에야 이해를 구하는 편이 나을 수 있다. 내가 그 일로 얼마나 고통받고 있는지, 그 일이 어떤 상황에서 일어난 일인지 설명하고, 자신이 놀림거리가 된 장면은 차라리 본인이 직접 끄집어내어 더 큰 웃음으로 승화시켜 공감대를 형성하고 싶었을 것이다. 타인의 공감이야말로 최고의 위로가 될 테니 말이다. 그러고 보면 '레비오사~'는 어두운 과거를 삭제해주는 주문이 아니라 치유의 주문일지도 모른다.

뜻하지 않게 언론에 보도되어 잊히고 싶은 과거가 다시 대중의 입에 오르내리게 된 그가 딱하다. 그 일이 얼마나 고통스러웠는지, 잊고 다시 세상에 나오기 위해 많은 노력을 했다는 것을 말하지 않아도 알 것 같다. 어쩌면 다시 움츠러질지도 모르는 그에게 더 이상 상처받지 말라는 위로의 마음을 담아 마법의 주문을 외쳐주고 싶다.

'레비오사~!' (2019. 5)

# 생명

뇌 손상으로 식물인간 상태인 환자의 가족이 세브란스 병원을 상대로 낸 연명치료중단 청구 소송에 대해 대법원이 '존엄사'를 허용한다는 판결을 내렸다. 그리고 판결 이후 처음으로 인공호흡기를 뗀 김모 할머니가 자발적 호흡으로 생을 이어가자 존엄사 허용이 옳았는지에 대한 논란이 일고 있다.

존엄사란 회복 가능성이 없는 혼수상태의 환자에게서 생명연장장치를 제거하여 자연스런 죽음을 맞게 하는 것이다. 안락사는 소극적 안락사와 적극적인 안락사로 구분된다. 소극적 안락사는 단순히 생명연장에 필요한 영양공급이나 약물, 인공호흡기 등을 제거하여 환자를 죽음에 이르게 하는 것이고, 적극적인 안락사는 약물투여 등을 통해 죽음을 앞당기는 방법이다. 단순히 인공호흡기를 제거하는 존엄사는 결과만을 놓고 보면 소극적 안락사와 비슷해 보인다. 그러나 존엄사는 인간의 인격을 강조하고 품위 있는 죽음을 선택하는 자기 결정권을 존중한다는 점에서 단순히 인간을 편안하게 죽음에 이르게 하는 소극적 안락사와는 차이가 있다고 한다.

뇌사판정을 받았음에도 불구하고 인공호흡기를 떼고도 생을 이어가는 할머니의 모습은 사람의 생명이 얼마나 끈질기고 강인한지에 대해, 또 어떻게 삶을 마감할 것인지에 대해 생각해 보게 한다.

오래전 「로렌조 오일」이라는 영화를 봤다. 로렌조라는 아이가 모체에게서만 유전된다는 이름도 알 수 없는 ALD(부신백질이영양증)라는 병에 걸려 시력과 청력을 잃어가고 사지를 뒤틀며 식물인간이 되어간다. 희귀병이라 아직 치료제는 개발되지 않았고 전문서적도 없다. 그래서 그 부모가 ALD 심포지엄을 열고 공부를 해서 연구를 의뢰하는 등 직접 발로 뛰어 치료제인 '로렌조 오일'이라는 약을 개발한다는 줄거리이다.

영화에 ALD회장 부부가 로렌조의 부모에게 "아이가 죽음을 원한다고는 생각해 보지 않았느냐?"고 묻는 장면이 나온다. 존엄사에 대한 논란을 보니 문득 그 장면이 생각난다. 아이는 하고 싶은 일은 아무것도 하지 못하면서 고통스런 삶을 지탱하느니 차라리 죽고 싶었을지도 모른다. 나 또한 그런 환자라면 비인간적이고 끔찍한 삶을 구차하게 이어가느니 차라리 죽게 내버려두라고 할 것 같다. 그러나 그것이 진심일까. 의식의 끄트머리엔 삶에 대한 애착이 묻어있을 수도 있다. 아니. 난 삶의 의지가 조금이라도 남아 있을지언정 사랑하는 사람들의 삶 속에서 고통스런 존재가 되느니 차라리 기억 속에 아름답게 남는 길을 택하겠다.

「로렌조 오일」은 로렌조 부모의 사랑의 승리다. 비록 완벽하게 낫지는 않았더라도 부모의 희생으로 아들을 죽음의 늪에서 깨어나게 했고. 같은 병을 가진 환자와 가족들에게 사랑과 희망을 나누어 주었기 때문이다. 몇 개월밖에 살지 못한다던 로렌조는 부모의 노력으로 서른 살 정도까지 살았고, 이후 부부가 개발한 로렌조 오일은 많은 ALD 환자들의 치료에 도움이 되고 있다 한다.

이처럼 가족이 자신의 모든 것을 포기하고 환자를 돌보며, 치료제를 개발하고, 또 그로 인하여 식물인간으로 지내던 사람이 일어날 수 있는 확률은 얼마나 될까. 1%의 가능성만 있어도 붙잡고 싶은 게 사랑하는 사람을 잃어가는 사람의 마음이다. 비록 사랑하는 사람과 대화를 나누고 같이 밥을 먹고 함께 웃지 못하더라도 내 앞에 누워 있어 얼굴을 볼 수 있는 것만으로 희망이 될 수 있다. 로렌조의 부모에게는 아들이 살아 숨 쉬고 있다는 사실만으로도 기쁨이었을 것이다. 식물인간이던 사람이 사랑하는 사람 곁으로 돌아오는 건 분명 축복이고 기적이다.

그러나 때로는 깨어나지 못하고 뇌사 상태로 오랜 세월을 보내는 경우도 있다. 그렇게 기다리는 긴 세월, 살아가야만 하는 남은 사람들의 생활은 궁핍하고 피폐해간다. 결국 환자는 돌아오지 못하고 그가 사랑하고 행복하기를 바랐던 가족들은 불행해진다. 그래서인지 존엄사 허용 판결 이후 무의미한 생명 연장 장치를 제거하게 해달라는 소송이 이어지고 있다. 존엄사의 허용은 환자 본인이 의식이 있을 때에 미리 무의미한 의료행위를 하지 말아 달라는 의사표시를 한 경우에만 행해진다, 환자가 뇌사 상태에 있을 경우 연명치료 거부 의사를 밝혔는지의 여부는 의사나 법관이 알 수 있는 일이 아니기 때문에 생명 경시 풍조가 우려되기도 한다. 그러나 환자가 고통의 삶보다 영혼의 자유를 원할 때 더 이상 잡고 있는 것은 남아 있는 자의 집착이며 자기만족일지도 모른다.

오는 순서대로 가는 건 아니라고 한다. 우스갯소리만은 아닌 것 같다. 인간은 암과 같은 질병에 걸릴 수도 있고 교통사고 등 불의의 사고를 당할 수도 있다. 아직은 죽음이란 게 먼 일 같지만 따지고 보면 인간은 모두 삶과 죽음의 경계에 살고 있는 셈이다.

아름다운 생의 마무리는 살아온 인생 못지않게 중요하다. 비참한 최후를 맞는다면 그 사람의 삶 자체가 비참한 것으로 여겨질 수 있다. 결국 어떻게 죽느냐는 것은 어떻게 살아왔느냐와 크게 다르지 않다. 태어나는 순간부터 죽음까지는 삶의 한 과정이다. 삶을 마감하는 것은 삶의 마지막 단계로 지나온 인생을 정리하는 시간이다. 요즘 같은 분위기에서는 품위 있는 죽음을 맞기 위해서, 사고나 질병으로 의식이 없을 경우 인공호흡기를 사용하지 말아 달라는 유서라도 미리 써놓아야 하는 건 아닐까 하는 생각이 들기도 한다.

그러나 죽음 앞에 의연한 자세를 보이는 것보다 중요한 건 현재를 충실하게 살아 스스로 후회 없이 생을 마감하는 것이다. 건강하게 현재를 소중하게 살아내는 모든 삶의 순간들이 품위 있는 죽음을 맞기 위한 방법이 아닐까 싶다.

(2009. 6)

# 키보드와 심판

인터넷의 대중화로 사회는 이전과 많이 달라졌다. 세계 곳곳에서 일어나는 일을 실시간으로 알게 되고 그에 대해 즉각적으로 반응할 수 있게 되었다. 메신저를 통해 지인들과의 연락도 쉽게 하고, 무슨 일이 생기면 그와 동시에 자신의 의견을 인터넷에 올려 사건을 공유한다. 그 과정에서 여론몰이로 사건의 주인공을 적극적으로 옹호하기도 하고, 때론 마녀사냥으로 한 사람의 인생을 짓밟기도 한다.

인터넷을 검색하다가 몇 해 전에 일어났던 서래마을 영아 살해 사건의 범인인 베로니크의 남편, 장 루이 크루조가 『나는 그녀를 버릴 수 없었다』라는 책을 출간했다는 기사를 보았다. 그리고 지난 5월 언론과 일절 접촉하지 않는다는 조건으로 베로니크가 석방되어 지금은 프랑스의 한 공기업에서 비서로 근무하고 있다는 내용을 알게 되었다.

베로니크 사건은 친모가 2002년과 2003년, 출산하자마자 영아 2명을 살해하여 자신의 집 냉동고에 보관해 오다 2006년 발각된 엽기적인 사건이다. 당시 흥분한 대중은 그녀의 비인간적인 행위에 대한 비난으로 인터넷을 뜨겁게 달구었다. 베로니크는 임신 거부증이라는 정신질환이 인정되어 8년이라는 형량을 선고받았다. 그녀는 자기가 아기를 낳았다는 사실을 전혀 알지 못했고 '죽이기는 했지만 내 아이가 아니고 그냥 내 배 속에서 나온 무언가를 없앴을 뿐'이라고 진술했다. 이 진술은 사람들로 하여금 그녀를 자신의 아이를 죽인 괴물에서 정신질환 때문에 끔찍한 일을 저지른 불쌍한 여인으로 동정하게 한다. 법원도 그녀의 심리상태를 고려해 형량도 4년으로 줄이고 복역기간 중 일주일에 두 번씩 정신과 치료를 받게 했다.

책을 출간하면서 크루조 부부는 다시 언론의 관심을 받게 된다. 이미 죗값도 치렀는데 시간이 지나면 잊힐 일을 본인 스스로 들춰내는 이유가 궁금해진다. 처음엔 '저 인간이 불쌍한 아내를 팔아 돈을 벌려고 하나 보다.'라는 생각에 불쾌한 마음이 들었다. 그런데 관련 기사를 읽다 보니 가슴에 묵직한 돌덩이가 계속 얹어지는 기분이다. '자신의 아이들을 아내의 손에 잃고 가정이 풍비박산 날 위기에서 아내를 감싸고 가정을 지키기 위해 내린 그 남자의 선택'이라는 구절을 봤기 때문이다. 장 루이는 임신 거부증이라는 병에 대해 사회적 인식을 환기시키고 아내의 증세가 얼마나 심각했는지 설명하는데 많은 지면을 할애했다. 그리고 일어났던 그 모든 일에도 불구하고 여전히 아내를 사랑한다고 했다.

지금 프랑스 현지 여론의 관심은 중증 임신 거부증을 앓았던 베로니크가 두 아이에게 정상적인 성장환경을 제공할 수 있는가에 있다고 한다. 그녀의 아이들을 가정보다 사회에서 돌보는 것이 더 바람직하지 않나 하는 논의가 진행되고 있다. 출간 이후 프랑스 언론은 개인의 사생활을 까발리고 가십으로 다루기보다는 사회적으로 어떤 논의가 필요한지 궁리하고 있는 것이다.

자신의 아이를 살해한 비윤리적 사건의 범인이 멀쩡하게 직장생활을 하고 있다는 사실은 믿기 어렵다. 더욱 놀라운 것은 그 사건 이후, 주위의 시선을 피해 이사 간 동네의 주민들이 크루조 부부를 따듯하게 대해주었다는 사실이다. 주민들은 그들의 신상에 대한 어떠한 질문도 하지 않고, 기자들이 찾아오면 기자가 마을 어디쯤에서 기다리고 있다고 알려주어 마주치는 일이 없도록 도와주기까지 했단다. 이 사건에 대한 프랑스 사회의 성숙한 대응방식은 지금껏 보아왔던 우리 사회의 모습과는 너무나 다르다.

우리나라가 인터넷 강국으로 발돋움하면서 남녀노소 누구나 쉽게 인터넷을 접하게 되었고, 그로 인한 역기능은 심각한 사회문제가 되고 있다. 나영이 사건의 조두순이나 연쇄 살인범 강호순 등 사회를 경악케 한 범죄자들을 비호하고 영웅시하는 인터넷 팬카페는 범죄 자체보다 더 큰 충격을 안겨 준다. 수사 결과 이런 팬카페의 운영자와 회원들은 대부분 타인의 관심을 받고 싶어 하는 청소년들이다. 그들은 서로 댓글을 주고받으면서 자기 미니홈피의 방문자 수를 늘리고 자신의 카페가 주목을 받게 하기 위해서 쉽게 자판을 두드린다. 무엇이 옳고 그른지를 판단하는 가치관이 정립되지 않은 청소년들은 자신이 두드리는 자판 몇 개가 피해자를 얼마나 고통스럽게 하는지, 그 가족을 얼마나 절망스럽게 만드는지에 관해서는 아예 관심도 없다.

얼마 전에, 사귀던 여자 친구의 자살로 인해 신상정보가 공개되고 인간말짜가 되어 직장까지 잃은 사람의 이야기가 회자됐다. 여자 친구의 어머니가 자신의 딸이 임신까지 했는데 남자 친구가 배신하고 학대를 해 결국 자살했다는 이야기를 미니홈피에 올리자 그 글은 순식간에 인터넷에 퍼진다. 네티즌들은 결국 그가 누구인지를 찾아내어 사진과 핸드폰 번호는 물론 직장까지 공개했다. 수많은 욕설과 비난에 그의 심신은 피폐해졌고, 회사에까지 쇄도하는 항의 전화 때문에 다니던 직장마저 잘린다. 나중에 법원에서 여자의 임신은 거짓임이 밝혀졌다지만 대중들에게 그것은 이미 중요한 일이 아니다. 멀쩡한 한 사람의 인생만 망가트린 것이다.

우리는 확인되지 않은 댓글 하나가, 재미로 퍼온 글 하나가 타인에게 상처를 입히고 사생활을 침해한다고는 생각하지 않는다. 무심코 던진 내 한마디가 마녀사냥을 하고 있다는 것을 인지하지 못하기에, 자신이 던진 작은 돌멩이 하나가 한 사람을 돌무덤 속에 가두고 생매장하는 것도 알지 못한다.

인터넷은 생활의 일부가 되어 이제 인터넷 없는 삶은 상상할 수 없게 되었다. 인터넷을 통해 문제를 제기하고 논의하는 건전한 비판의식은 건강한 사회를 위해서도 필요한 일이다. 그러나 사건을 일으킨 사람들에게 변명할 기회도 주지 않고 사실 여부조차 확인하지 않은 채 마녀사냥식 여론재판을 하는 것은 지양해야 하지 않을까? 인간은 누구나 자신의 인권을 보호받아야 할 권리가 있고, 그러기 위해선 먼저 타인의 인권을 보호해야 할 책임이 있기 때문이다.

(2010. 11)

5부

# 국화 향기 가득한

역사가 항상 최초로 만든 사람의 이름만을 기억한다면 바로 그 순간, 우리는 새로운 역사를 접한 셈이다. 그 얘기를 들으면서 「우리는 어디에서 왔는가? 우리는 누구인가? 우리는 어디로 가는가?」라는 고갱의 그림이 생각났다.

# 선택

문학기행 참가인원이 열두 명밖에 되지 않아 떠나기 이틀 전, 45인승 버스를 취소하고 급작스레 15인승 봉고차를 렌트했다. 우리 반의 유일한 남자 선생님이 운전을 자청한다. 본인 차도 아닌데다 수동식 차량이라 운전을 잘할 수 있을까 하는 걱정이 들긴 했지만 표현할 수는 없다. 그런데 선생님이 마치 본인 차량인 것처럼 부드럽게 운전을 하고, 다른 사람들도 좁은 공간에 붙어 앉아 이야기꽃을 피우는 걸 보니 비로소 안심이 된다.

사람은 다 그 사람이건만 큰 버스에 둘씩 앉아서 대화를 나누던 것과는 다른 무언가가 있다. 모두들 조그만 방에 모여앉아 수

다를 떠는 것처럼 편안하고 다정한 모습이다. 누가 시작했는지 '복숭아꽃, 살구꽃, 아기 진달래~' 어느새 한목소리로 봄 노래를 부른다. 계절은 역시 여행을 떠나봐야 제맛을 느낄 수 있다. 짙은 초록 위에 뽀얀 연둣빛 속살을 드러낸 나무며, 연분홍 복사꽃이 도로 양옆으로 펼쳐진다. 예년에 비해 봄은 느리게 찾아왔지만 시나브로 겨울을 밀어내 버렸다.

눈앞의 도로명이 '임꺽정로'인 걸 보니 어렵지 않게 홍명희 생가를 찾은 듯싶다. '순국열사 일완(一阮) 홍범식 고택'이란 표식을 보고 순간 갸우뚱했지만, 인터넷을 검색할 때 홍명희 아버지가 홍범식이라는 것을 본 기억이 떠오른다. 그러나 홍명희란 이름 석 자는 어느 곳에도 표시되어 있지 않고, 전에 온 적이 있다는 회원들도 예전에 왔던 곳과 다르다고 한다. 웅성거리고 있으니 문화해설사가 와서 홍명희 생가라는 확인을 해준다. 조선시대 중기 중부지방 양반 가옥의 특징을 가장 잘 표현했다는 홍범식 고가는 괴산군에 의해 2002년 충북도 민속자료 14호로 지정되어 말끔하게 복원되었다고 한다. 고택 안으로 들어서니 가구는커녕 안내 책자도 없이 썰렁한 건물만이 자리하고 있다. 홍명희 생가에서 벽초의 자료를 하나도 찾을 수 없으니 단체 사진 한 장 찍는 거 외에는 달리 할 일이 없다. 휘익 둘러보고는 그냥 나온다.

벽초 홍명희는 소설 『임꺽정』으로 우리나라 역사소설의 지평을 열었다는 평가를 받지만, 해방 후 북한에서 부수상을 지낸 전력으로 인해 공식적으로 그 이름을 언급하는 것은 꺼려지고 있다. 그러나 보편적으로 사람들은 이 고가를 '홍범식 고택'이라기보다는 '홍명희 생가'라 부른다. 도로 이름은 '임꺽정로'라 쓰면서 홍명희 생가에서 임꺽정을 쓴 홍명희의 이름은 드러내지 않는 현실을 보면 역사는 과거가 아니라 현재진행형이라는 말이 실감난다.

친일파인 조부, 순국열사인 부친, 독립운동가이면서 북한 부수상을 지낸 홍명희의 3대에 걸친 가족사는 우리 민족의 아픔과 현실을 그대로 담고 있는 민족사이기도 하다. 차라리 생가를 복원하지 말고 폐허 그대로 보존하는 편이 홍명희 일가의 영욕의 세월을 고스란히 느끼게 하고, 잘못된 선택의 본보기를 보여주는 예가 되지 않았을까 하는 이야기를 나누며 '운보의 집'으로 향했다.

두 개의 중문을 지나 정원에 발을 디디니 잘 정리된 분재가 먼저 눈에 들어온다. 수려한 자연경관에 정자까지 갖춘 연못에는 비단잉어가 헤엄치고 있다. 전통한옥과 자연의 조화가 절묘하게 어울린 곳이라 드라마 「제빵왕 김탁구」와, 「마이더스」의 촬영지로도 사용되었다고 한다. 정리가 잘 되어진 운보의 집을 보니 가구 하나 없이 휑하던 홍명희 생가가 슬그머니 겹쳐진다. 김기창은 친일화가였지만 한국 미술계의 거장이라는 칭호도 받고, 만 원짜리 지폐의 세종대왕을 그려 대중에게 친숙하게 다가와 있다. 이곳이 개인소유고 관람료를 받는다는 점을 감안하더라도 어쩌면 우리네 정서가 친일파보다는 이데올로기의 문제에 더 민감한지 모른다는 생각이 들었다.

운보미술관엔 회화, 판화, 드로잉, 유품 등이 전시되어 있다. 운보의 그림이 워낙 독특한 게 많아서인지 그림을 볼 줄 모르는 나 같은 문외한도 관람하는 것이 즐겁다. 산기슭에 자리한 수석 조각공원은 산을 배경으로 하고 있어서인지 아담한 정원으로 꾸며져 있음에도 넓어 보인다. 작은 호수를 중심으로 자연석과 조각 작품이 놓여 있다. 입구 오른쪽의 잘 정리된 계단을 오르자 김기창과 박래현, 부부의 묘가 나란히 있다. 묘소 앞에 서 있으니 운보의 집과 미술관이 한눈에 내려다보인다. 여덟 살 입학식 날 장티푸스를 앓아 귀가 들리지 않게 됐다는 김기창 화백이 어눌한 말투로 '듣지 못하는 가슴의 응어리를 그림에 쏟아부었다.'고 했던 말이 귓가에 맴돈다. 주어진 환경에서 어떤 선택을 하느냐는 삶의 결과를 바꾸기도 한다.

이천을 지나자 퇴근 시간과 맞물려 차가 많이 밀렸다. 성남에서 국도로 빠졌는데 그곳은 이미 주차장 수준이라 고속도로로 그냥 오는 것보다 30여 분 정도 더 늦게 도착했다. 문득 한순간의 선택으로 고향 생가에서도 그 이름을 찾을 수 없게 된 홍명희와 친일 행적에도 불구하고, 미술계의 대가로 인정받는 김기창이 오버랩된다.

앞으로 얼마나 많은 선택을 해야 하고, 그 선택이 운명을 어떻게 바꾸게 될지 알 수 없지만 우리는 오늘도 매 순간 선택을 하며 하루를 살아간다.

(2011. 5)

# 노산대에 서서

노산대에 서서 하늘 한 번 보고 저 아래 유유히 흐르는 강물 한 번 쳐다본다. 물이 맑아 잔잔해 보이지만 굽이쳐 흐르는 물살은 제법 세다. 며칠 전 비가 온 탓일 게다. 노산대와 망향탑으로 오르는 양쪽으로 갈라진 나무 계단에서 잠시 망설인 것처럼 삶은 언제나 망설임 속에서 선택을 강요받는다. 이곳이 단종의 슬픈 이야기가 서려 있는 곳이라 그런지 절벽 아래 깊은 물을 쳐다보니 괜스레 처연한 마음이 든다. 고개 들어 서울 쪽을 바라보니 왠지 모를 그리움마저 가슴을 파고든다. 그 자리에 그렇게 앉아 있으면 누구라도 망부석이 될 것만 같다.

아름다운 절경에 모두들 "와~우!"라는 감탄사를 내뱉으며 이곳에 별장이 있으면 좋겠다, 이런 곳에 살면 몸과 마음이 절로 편안해질 것 같다는 등의 말을 한다. 그러나 사실 이곳은 외부와 단절되어 한 인간을 외롭게 하고 그 영혼을 좀먹게 하는 유배지였다.

성삼문·박팽년·하위지·이개·유응부·유성원 등이 단종 복위를 도모하다 처형된 뒤, 단종은 상왕에서 노산군으로 강등되어 강원도 영월의 청룡포로 귀양 보내졌다. 그리고 경상도 순흥에 유배되었던 숙부 금성대군이 다시 단종의 복위를 계획하다가 발각되자, 노산군에서 서인으로 강등되어 유배된 지 4개월 만에 죽임을 당했다.

청룡포는 서강이 삼면을 가로막고 나머지 한 면은 육육봉이라 불리는 암벽이 자리 잡고 있어 배를 이용하지 않고는 뭍으로 나갈 수 없는 곳이다. 그러나 육지가 바로 눈앞이라 돌다리 몇 개만 있으면 바로 닿을 것만 같아 더욱 안타까운 마음이 든다.

하늘을 찌를 듯 키가 크고 무성한 소나무 숲은 단종과 나 사이의 닿을 수 없는 시간의 거리를 말해주는 듯싶다. 솔숲 가운데에 있는 커다란 노송은 단종의 비참한 모습을 지켜보았다고 해서 볼 관(觀)자를, 슬픈 목소리를 들었다 하여 소리 음(音)자를 따 관음송이라 이름 붙였다 하는데 높이가 30M나 된다. 중간쯤 가지가 갈라져 있는데 단종이 유배 생활 중 이 나무의 갈라진 틈에 걸터앉아 시간을 보냈다 하니 최소한 600여 년 정도의 역사를 지닌 고송이다.

관음송에 걸터앉아, 노산대에 올라 한양 쪽을 바라보며, 열일곱 살의 어린 상왕은 노산군이라는 이름으로 무슨 생각을 하였을까? 자신의 처지를 개인적 회한과 슬픔만으로 돌리기에는 조상에게 죄스럽고 한스러웠을 것이다. 열두 살에 임금이 된 그는 아무 힘도 지니지 못한 채 허울뿐인 왕 노릇 같은 건 하고 싶지 않았을지도 모른다. 삼촌에게 왕위를 넘기고 짐을 내려놓은 홀가분한 마음으로 상왕의 자리를 즐겼을지도 모를 일이다. 단지 충심이라는 이름으로 자신의 권력을 탐하는 자들이, 임금의 마음을 헤아리지 못하는 어리석은 충신들의 우직한 충성심이 그를 사지로 몰아넣은 건 아니었나 하는 생각을 해 본다.

살다보면 간혹 본인은 원하지 않는데 주위에서 도와준다고 나서서 일을 더 어렵게 만들거나 오해를 불러일으켜 되돌릴 수 없게 만드는 경우가 있다. 단종 또한 그러했는지 모른다. 그냥 정순왕후 송씨와 오순도순 살고 싶었을 뿐인데 저들이 나선 성공하지 못한 역모로 인해 육지 속의 섬 속에 갇혀 외롭게 지내게 된 것일 수도 있다.

깎아지른 절벽에 올라앉아 처음엔 자신을 왕위에 오르게 하고자 초개같이 목숨을 버린 충신들을 그리워하다가, 왜 그들은 내 의지와 상관없이 돌멩이로 바위를 쳤을까 원망하는 마음으로 바뀌었으리라. 유일한 자기편인 아내를 그리워하고 궁궐의 풍족함으로 돌아가기를 기원했을 것이다. 그러다 그 자리에 앉아 언제나 제자리에 있는 강물과 손 닿을 듯 가까운 거리지만 나갈 수 없는 육지와 아무리 쳐다봐도 조금도 가까워지지 않는 한양을 바라보며 하나씩 놓았으리라. 원망을 버리고 미움을 버리고 욕심을 버리고 희망마저 버렸을 것이다.

한순간 열여덟 살의 철없는 아들의 얼굴이 겹쳐지며 600여 년 전 열일곱의 짧은 생을 살다간 한 소년의 삶을 떠올려 본다. 열두 살의 어린 나이에 한 나라의 왕이 되어 권력의 중심에 서고, 부모도 없이 보낸 사춘기 시절에 권력의 덧없음과 인생의 무상함과 사랑하는 사람에 대한 그리움, 인간에 대한 배신감을 온몸으로 고스란히 맞은 것이다. 그 어깨를 짓누르는 삶의 무게가 느껴져 가슴이 아파온다. 벼랑 끝에 서서 삶과 죽음이 바로 여기, 내딛는 한 걸음에 있다고 생각하니 모든 것이 별것 아닌 듯이 여겨진다. 지난 며칠 고민하던 마음의 갈등마저 슬그머니 내려두게 된다. 이 자리에서 인생의 모든 고통을 참아내고 받아들이려 애쓴 어린 소년도 있었지 아니한가.

인생에 봄이 있으면 겨울도 있고, 겨울이 지나면 다시 봄은 온다고 하지만 기다림은 언제나 불안하다. 돌아올 수 없을지 모른다는 불안감 속에서도 언젠가는 돌아올 것이라는 희망을 버리지 않았기에 기다림을 선택한 망부석을 떠올려 본다. 사람은 누구나 선택의 기로에 서게 되면 망설이고 가지 않은 길에 대한 환상을 갖게 된다. 그러나 결국 선택을 하는 것은 자기 자신이다. 노산대에서서 유독 가슴이 아픈 것은 아마도 단종이 자신의 운명을 스스로 선택할 수 없는 상황이었기 때문일지도 모른다. 말없이 흐르는 강을 바라보며 서 있자니 내 선택을 끝까지 밀고 나가고픈 용기가 생긴다. 내 선택이 옳다고 믿고 싶다. 그곳에 서서 탁 트인 풍광을 바라보니 가슴이 뻥 뚫리는 것 같다.

(2010. 5)

## 쓸데없는 일

커피를 마시며 유로(EUR)의 매매기준율을 확인한다. 환율투자가도 아니고 경제에 관심이 있는 것도 아니면서 벌써 두 달이 넘은 습관이다. 비행기 티켓이며 스페인 기차 예매, 호텔 예약도 이미 끝났고, 필요한 경비도 절반 정도는 환전해 놓았다. 그럼에도 불구하고 시간이 있을 때마다 스마트폰을 만지작거리는 건, 남은 경비의 환전 시기를 찾으려는 목적도 있지만 어쩌면 이미 예약해 놓은 티켓들을 싸게 구입했다는 만족감을 느끼기 위해서인지도 모른다.

다음 달에 작은아이가 제대를 한다. 고생한 아이에게는 휴가를 주고, 내 입장에서는 21개월 동안 제대로 못 본 아이와 시간을 함께하고 싶은 마음에 여행계획을 세웠다. 패키지보다는 자유여행을 가기로 한다. 이십 대의 젊은 남자애가 모르는 아저씨 아줌마들이 잔뜩 있는 그룹에서 열흘을 보낸다고 하면 같이 안 간다고 할 거 같아서다. 보통 이런 경우는 젊은 아들이 계획을 세우는 게 당연하지만 아직 군에 있는 아이의 특성상 시간 여유가 많은 내가 준비를 했다. 작년에 쫄레쫄레 따라간 영국여행의 경험이 티끌만치 남아 있는 망설임을 앗아간다. 운전석이 오른쪽에 있는 영국차를 렌트해서 이동하고, 일행보다 며칠 앞서 오느라 혼자 전철 타고 공항까지 찾아갔다. 이번에는 스스로 준비도 하고 영어를 할 줄 아는 아들과 함께이니 두려울 게 없다.

여행을 결정하고 휴가 온 아이에게 가고 싶은 나라를 물으니 스페인이라고 한다. 걔가 준비한 것은 거기까지다. 스페인 일정을 잡은 후에는 숙박할 도시를 정해서 호텔을 예약한 후, 도시 간의 이동 방법을 선택해서 국내선 비행기와 기차표를 예매했다. 그라나다의 알함브라궁전은 미리 예매하지 않으면 못 들어간다고 해서 티켓을 예매하고 바르셀로나의 가우디 현지투어도 예약했다. 티켓 예매 사이트는 스페인어가 기본이고 영어로 변경을 해도 결제까지의 과정은 험난하기만 하다. 그 하나하나를 마쳤을 때의 뿌듯함은 가슴을 설레게 한다. 그래서 여행의 시작은 여행을 준비하면서부터라고 하나 보다.

이전에는 인터넷에 자신의 경험을 시시콜콜하게 사진까지 찍어 올려대는 사람들을 보면서 참 할 일도 없다고 생각했다. 누구나 파워 블로거로 돈을 벌 수 있는 것도 아닌데 왜 시간을 낭비하면서 저런 일을 할까 싶기도 했다. 그러나 이번 여행을 준비하면서 가장 많은 도움을 받은 것은 그 '할 일 없는 사람들이 쓸데없이 올린 글'들이다. 세비야에서 론다로의 이동은 기차보다 버스가 편리하며, 그라나다에서 바르셀로나로 갈 때는 2개월 전에 예매하면 기차보다 비행기가 더 저렴하고 시간도 절약할 수 있다는 것을 알려준 것은 블로거들이다.

예매를 하겠노라 호기 있게 부엘링 항공과 렌페(스페인 기차) 사이트를 열었지만 꼬불거리는 스페인 글자에 망연자실하고 만다. 그때 해결방법을 알려준 이도 매 화면을 캡처하여 옆에 한글로 번역해서 올려준 친절한 그들이다. 마드리드에 도착해서 시내로 들어가는 근교 열차의 타는 위치며, 역에 내려서 길을 건너 오른쪽으로 100미터 정도 걸으면 호텔이 있다는 것을 사진과 그림, 글로 자세하게 설명해 놓은 그것들은 신천지이다. 그 글들을 읽노라면 열차에서 내려 캐리어를 끌고 호텔을 향해 길을 건너는 내 모습이 보이는 듯하다. 광화문 지하철역에 내려서 세종문화회관이며 덕수궁을 찾아가는 것처럼, 바르셀로나의 지하철역에서 람블라스 거리며 가우디 성당을 헤매지 않고 찾아갈 것 같은 자신감이 생긴다.

누군가는 이렇게 3개월 전부터 여행 준비를 하는 나를 보고 쓸데없는 일을 한다고 생각할지도 모른다. 패키지로 가면 편할 텐데 뭐 하러 그런 일로 시간을 낭비하나 싶기도 하고, 자유여행은 말 그대로 자유인데 현지에서 마음 가는 대로 즐기고 오면 되지 그렇게 일정을 짜놓으면 빡빡한 패키지와 무엇이 다른가 의아스럽기도 할 것이다.

'할 일 없는 사람들이 쓸데없이' 올렸다고 생각한 글들은 50대 중반의 아줌마가 말도 통하지 않는 스페인 여행을 준비하는데 많은 도움이 되었다. 여행을 준비하면서 읽은 블로그들은 타인을 이해하려 하지 않은 나를 반성하게 한다. 내가 하는 일은 다 이유가 있고 정당하지만, 남이 하는 일은 쓸데없는 일이라고 생각하는 것은 이기적이고 오만한 생각이다. 누군가 열정을 갖고 하는 일을 타인이 쓸데없는 일이라고 평가할 수는 없다. 블로그에 경험을 올린 사람들은 추억을 정리하는 한편, 자신이 겪은 어려움을 다른 사람은 겪지 말았으면 하는 바람으로 긴 시간을 투자했는지도 모른다. 다른 사람의 생각을 알지 못하고, 그 일을 하게 된 이유도 모르면서 남의 행동을 폄하하는 일은 나이 들수록 심해지는 것 같다. 점점 외골수가 되어 다른 사람의 말과 행동은 들으려고, 보려고도 하지 않아 나중에 엉뚱한 소리를 할 때도 있다.

유로(EUR)의 가격을 보기 위해 인터넷에 접속한다. 선거를 앞두고 '내가 하면 검증이고 남이 하면 네거티브(negative)'인 비리 파헤치기가 계속되고 있다. 한 달도 채 남지 않은 시간에 자신을 부각시키기 위해서는 상대방을 깎아내리는 것이 자신의 지지도를 높이는 더 빠른 방법인지도 모른다. 아무리 세상에 쓸데없는 일은 없다고 하지만 자신의 이익을 챙기기 위해 남을 비방하기보다는, 자신이 대통령이 되면 무엇을 할 수 있는지 어떻게 할 것인지를 납득시켜 줬으면 하는 바람이다. 이미 예매한 카드결제 대금도 나갔고 환전도 한 마당에, 유로가 떨어지거나 올라도 별반 차이도 없으면서 환율변동을 계속 보는 내가 할 소리는 아닌 것 같지만 말이다.

(2017. 4)

# 그녀들, 그 후로 28년

바다를 배경으로 손을 맞잡고 서 있는 그녀들. 왠지 낯설지 않다. 핸드폰에서 방금 찍은 사진을 확인하는데 언젠가 이 친구와 이 포즈로 사진을 찍은 적이 있는 것 같다. 모래사장에 맨발로 서서 하얗게 부서지는 파도를 옆에 두고 환하게 웃던 그녀들, 그녀들의 머리에 내리쬐던 햇살, 왁자지껄한 주위의 소음들이 조용한 하롱베이의 소이섬 모래사장과 겹쳐진다.

베트남 북쪽 지역의 패키지여행 중 하루는 배를 타고 하롱만 구석구석을 돌아보는 것에 할애된다. 유람선을 타고 파노라마처럼 펼쳐져 있는 섬들을 지나가기도 하고, 배에서 내려 400여 개에

이르는 계단을 올라 전망대에 이르기도 한다. 숨을 헐떡이며 전망대에서 바라보는 끝없이 드리워진 바위 같은 섬과 짙푸른 바다는 감탄사와 함께 깊은 상념에 잠기게 한다. 작은 보트로 갈아타고 둥글게 붙어 있는 섬과 섬 사이에 난 낮고 작은 구멍으로 들어가면 호수동굴처럼 보이는 바다가 있고, 모터보트를 타고 바다를 가르며 달려가 섬에 오르면 기암괴석의 석회암 동굴이 있다. 느린 유람선을 타고 바라보는 병풍처럼 펼쳐진 섬들, 빠른 스피드 보트를 타고 고요한 바다를 가르며 온몸으로 맞는 바람, 종유석이 자라는 진귀한 동굴 등 지루하면 배에서 내려 걷고, 힘들면 다시 배에 올라 커피를 마시며 보내는 시간들은 오랜만에 여유를 맛보게 한다.

아침 식사를 일찍 한 데다 동굴이며 전망대를 오르느라 많이 걸어서 배가 고팠다. 유람선에서의 점심식사는 기본 선상식 외에 활어회와 씨푸드를 옵션으로 선택한다. 나는 회를 좋아하지만 함께 간 친구는 입에도 안 댄다. 바다에 셀 수 없이 많이 떠 있는 유람선을 보니 여기에서 잡은 다금바리를 굳이 먹고 싶은 생각도 들지 않는다. 더군다나 일행 중 한 명만 신청하면 따로 앉아 식사를 해야 한다기에 기본 식사를 하기로 했다.

유람선은 여행 온 팀별로 한 대씩 따로 탄다. 우리가 속한 여행사의 고객은 많지도 적지도 않은 열여섯 명으로 적당했다. 절반인 여덟 명만 옵션을 선택했는데, 가이드는 거의가 옵션을 선택할 것이라는 계산 하에 나머지 사람들의 식사 준비는 하지 않은 것 같다. 국물도 없이 어떻게 밥을 먹느냐며 반찬값은 낼 테니까 생선이나 김치를 더 달라는 어르신들의 요구에 준비된 것이 없다고 하니 말이다. 쌈장도 없는 양배추에 김치, 말라비틀어진 생선 한 마리 튀긴 거에 4명이 하나씩 집으면 빈 접시인 장아찌가 전부다. 이름은 선상식이라고 거창하더니만 이게 다란다.

우리나라와 베트남은 두 시간 차이가 나므로 사실 4시가 다 되어 먹은 늦은 점심이다. 간신히 얻은 쌈장에 양배추로만 먹은 밥으로는 속이 허했다. 식사로 망친 기분은 이후의 관광을 힘이 빠지게 했다. 불만의 눈으로 보는 낯선 나라의 풍광이 제대로 눈에 들어올 리가 없다.

호텔로 돌아가 한 시간 반 정도 쉰 후에 수상 인형극을 보러 간다고 한다. 베트남은 사회주의 국가라 치안이 잘 돼 있다는 말에 자신 있게 밖으로 나갔다. 친구와 호텔 주변의 골목골목을 구경했다. 과일 칩을 사 들고 들어와 커피와 함께 먹으며 이야기를 나누다 보니 스르르 행복해진다. 이렇게 맛있는 과자는 먹어본 적이 없는 것 같다. 생각해 보면 둘이 여행한 지가 언제인지 까마득하다. 결혼한 이후 처음이니 스물여덟 해 만이다. 소백산의 민박집에서 샤워를 하며 서로 망을 봐주던 기억, 부산의 모텔에 방을 잡고 벽면에 걸린 거울이 어색해서 낄낄대던 시간, 여행지의 창문과 방문을 꼭 잠그고 몇 번씩 확인하던 모습, 해운대 바다에서 수영복 위에 셔츠를 꼭 싸매고 물에 들어갔던 그 날을 떠올리며 한참을 웃었다.

지난겨울은 몸도 마음도 경황이 없었다. 갑자기 학원 강의를 맡게 돼서 준비하고 수업을 진행하느라 정신이 없었다. 거기다 작은 애가 편입 시험을 떨어져서 마음이 많이 상해 있었다. 마침 방학

특강이 끝난 터라 시간적 여유는 있고, 졸업을 한 아이랑 온종일 마주하고 싶은 생각은 없었다. 그냥 오랜 친구와 여행을 떠나고 싶었다. 내 자리를 벗어나야만 숨이 제대로 쉬어질 것 같았다. 그리고 그 계획은 성공했다. 여행은 어디로 떠나느냐, 무엇을 먹느냐보다 누구와 함께인가가 중요하다는 것을 실감했다.

여행에서 돌아와 낡은 사진첩을 뒤적인다. 28년 전 친구와 함께 갔던 해운대에서의 사진을 찾았다. 그 사진과 하롱베이 바다에서의 사진을 나란히 비교해 본다. 웃음이 난다. 세월은 그 당시의 나이보다도 훨씬 많이 흘렀는데 우리 둘의 헤어스타일이나 옷은 변화가 없다. 그때도 촌스러웠고 지금도 촌스럽다. 단지 얼굴이 쳐지고 살집이 조금 붙은 것, 예전엔 둘 다 입을 크게 벌리고 활짝 웃고 있지만 지금은 입꼬리만 살짝 올리고 웃는 게 다를 뿐이다.

해운대의 모텔 방에서 우린 왜 여기까지 와서 방문 꼭 잠그고 방안에만 있냐고 웃던 젊은 날의 그녀들은 베트남에서의 마지막 밤에도 똑같은 대화를 한다. 우린 왜 여기까지 와서 밖에 나가 맥주 한잔을 시원하게 들이키지 못하고 방안에만 있을까.

세월이 흐르고 장소도 변하고 몸매도 달라졌지만 28년 전이나 지금이나 주변머리 없는 그녀들은 똑같다. 그리고 여전히 친구다.

(2015. 4)

## 국화 향기 가득한

방안엔 국화 향이 가득하다. 이틀 내내 전기장판을 켜놓고 국화를 말린 탓이다. 말린 첫 잎 한 스푼을 찻주전자에 넣고 뜨거운 물을 붓는다. 국화꽃이 피는 모양을 지켜본다. 마음이 평온해진다. 차는 향과 색과 맛이 조화를 이뤄야 한다고 했다. 국화 밭에서 마셨던 차는 진한 레몬 빛이었건만 내 손에 든 차는 레몬의 속살처럼 연한 빛이다. 조심스레 한 모금 맛을 본다. 미소가 번진다. 그윽한 국화 향을 맡으니 무주에서의 하루가 파노라마 사진처럼 떠오른다.

새벽 6시에 집을 나섰다. 사라사테의 '치고이너바이젠'을 무한 반복으로 들으며 동부간선도로를 거쳐 올림픽대로를 달린다. 이른 아침부터 집시의 애조와 정열이 가득한 바이올린 선율이 와 닿은 건 여행이라는 단어가 주는 자유로움 때문일 것이다. 무의식적으로 하루 동안이나마 집시의 열정을 꿈꾸었는지도 모른다.

양재역에서 일행을 만났다. 세 대의 차에 나눠 타고 무주로 향한다, 평일 아침에 일찍 출발해서인지 고속도로는 뻥 뚫려 있다. 가슴까지 시원하다. 눈앞엔 가을의 한복판에서 절정으로 물든 단풍이 울긋불긋 끝없이 펼쳐져 있다. 아직 남아 있는 초록의 흔적과 황적색으로 물든 단풍이 어우러진 산은 아름답다는 말로밖에는 달리 표현할 길이 없다.

말 그대로 꾸불꾸불 산길을 돌아 들어가 차를 세웠다. 눈 아래는 진하디진한 노란 국화와 눈처럼 하얀 국화가 지천이다. 누가 국화를 소박하다 했던가. 한 무더기 한 무더기 무리를 이룬 국화는 정말 화려하다. 눈을 들면 가을로 채색된 붉은빛 단풍이 배경처럼 보인다. 마치 한 폭의 풍경화를 보는 듯하다. 국화 밭이 내려다보이는 곳에 앉았다. 전날 우리를 위해 따로 만들어 놓았다는 국화의 첫 잎을 우려낸 차를 마신다. 첫 잔은 화려함으로 마신다더니 그 이유를 알 듯싶다. 은은한 것 같으면서도 진한 노란빛이 우아함을 넘어 화려하게까지 느껴진다. 두 번, 세 번, 차를 우려

낼수록 마음 또한 가라앉고 깊어져 간다. 차를 마신다는 것은 어쩌면 그리움을 마시는 일일지도 모른다는 생각이 든 건 늦가을의 정취 탓이리라.

주인 없는 들판의 꽃도 함부로 꺾어서는 안 된다고 배웠다. 그런데 주인이 있는 농장에서 마음대로 서리를 해도 좋단다. 순간 당황스러웠지만 당황스러움은 잠시일 뿐, 달리기 시합이라도 하듯 밭이랑을 한 줄씩 차지하고 앉았다. 쪼그리고 앉아 꽃을 따는 일이 힘들다기보다는 오히려 금기를 깬다는 생각에 희열마저 느껴진다.

앉아서 따는 자세가 비슷해서인지 대학시절 농촌활동 가서 고추를 따던 기억이 난다. 태양이 무척이나 뜨거운 때였다. 쭈그리고 앉아 앉은뱅이걸음으로 고추를 따 나갔다. 채 몇 개 따지도 못하고 허리가 아팠는데, 옆줄의 할머님은 허리 한 번 펴는 법 없이 고추를 딴다. 그 뒷모습을 바라보며 차마 일어나지 못했다. 한 번쯤 일어나서 허리를 편들 누구 하나 뭐라 할 사람도 없는데 어지간히 융통성이 없었다. 어리보기 했지만 순수하고 열정만은 넘치던 그 시절이 그립다.

쉬지 않고 열심히 땄는데도 내 봉지의 국화는 다른 사람의 절반밖에 되지 않는다. 본인이 수확한 것을 본인이 가져가라기에 망정이지 일당이라도 받는 거라면 미안해서 손도 못 내밀 뻔했다.

욕심껏 땄는데도 남보다 한참 모자람에 양보다는 질이라고 위안한다. 국화차 만드는 법을 들으면서 눈앞에는 이미 다 만들어진 찻잎을 우아하게 우려내고 있는 모습이 펼쳐진다.

밤늦게 집에 돌아왔다. 옷도 갈아입지 않은 채 배운 대로 소금과 대추를 넣고 물부터 끓인다. 급한 마음에 국화를 데치기는 했는데, 밤새 채반에 두었다가는 다 들러붙어 버릴 것만 같다. 한지가 없어서 아쉬운 대로 전기장판 위에 키친타월을 깐다. 하나하나 국화를 펴 너니 어느새 새벽 한 시가 넘어 있다. 좋은 것만 고른다고 조금 땄기에 망정이지 욕심껏 많이 땄더라면 날밤 새울 뻔했다.

어린아이 돌보듯 정성을 들여 말렸는데 막상 거두고 보니 생각보다 양이 적다. 실망스럽다. 그래도 흰 국화 한 병, 노란 국화 한 병을 따로 만들어 싱크대에 세트로 세워두니 뿌듯하다. 보고 있기만 해도 국화 향이 온몸에 스며드는 것 같다. 가을 여행도 감동적인데 그 흔적이 차로, 향으로 남으니 즐거움이 더하여진다. 은은한 노란빛 향을 맡으며 입안 가득 아련한 그리움을 머금고 차를 마신다.

(2009. 10)

# 세부의 해골 물

모르는 게 약이다. 알고 나면 마음을 고쳐먹으려고 애를 써도 되지 않는 게 사람 마음이다. 여행에서 돌아와 닷새 동안 사람의 손길이 닿지 않던 집을 치운다. 새벽에 도착해 잠도 제대로 못 자고 짐 정리며 빨래, 청소를 하고 나니 힘에 부친다. 잠시 소파에 누워 쉬다가 스마트폰을 만지작거린다. 언제부턴가 자투리 시간엔 책을 뒤적이기보다는 스마트폰에 손이 간다. 이틀 후가 아버님 생신이다. 살만한 것도 생각나지 않고, 여행을 가느라 준비할 시간도 없었다. 여행 전, 마지막 날 일정이 쇼핑센터를 도는 것이니 특산품으로 선물을 대신할 계획을 세웠다.

예약한 여행사에서는 같은 날, 같은 비행기로 스물두 명이 세부로 떠났다. 리조트별로 가이드가 배정된다더니 공항에 픽업 온 가이드는 여행사 이름이 아닌 내 이름이 적힌 종이를 들고 있다. 우리가 묵을 리조트에는 달랑 우리 가족뿐인 것이다. 기사 딸린 밴에 우리만 타고 나니 엄청 부담스럽다.

둘째 날은 자유일정이다. 스킨스쿠버 다이빙과 보트 타기를 하기로 했다. 인터넷 덕에 정보가 빠삭한 아이들은 현지인에게 직접 신청하면 1/3가격이라는 걸 이미 알고 있다. 어차피 우리뿐이고 자유일정인데 왜 가이드를 통해서 돈을 낭비하느냐고 불만스러워한다. 패키지여행이라는 게 원래 비행기 티켓과 리조트 비용만 지불하고 오는 것이기에 기본적인 옵션은 해 주는 게 매너라며 아이들을 달랬다.

단독 가이드라는 부담감은 쇼핑센터에서도 그냥 나올 수 없게 한다. 어차피 선물을 사야했기에 술 정도는 사 줄 요량이었다. 큰애는 뒷줄에 있던 와인을 원했지만 가이드가 필리핀의 전통주라며 럼주를 권한다. 40도라는 말에 아버님 생신날 아침에 가족들이 건배할 술이라 다른 것이 좋겠다고 했다. 가이드는 럼주가 도수에 비해 달다며 필리핀에서는 가족들이 함께 마시는 전통주임을 강조한다. 종이끈 같은 것으로 병에 옷을 짜 입힌 포장이 고급스러워 보인다. 선물용으로는 제격인 것 같기도 하다. 망고나 파파야 등의 가격도, 화장품의 가격도 인터넷 검색을 통해 이미 알고 있다. 하지만 4일 동안 우리만 졸졸 따라다닌 가이드가 공쳤다는 기분은 들지 않게 해야 한다는 의무감에 쇼핑센터에 들를 때마다 한두 개씩은 구입했다.

스마트폰을 만지작거리다 보니 아버님께 선물로 드리려고 한 필리핀의 전통주가 어떤 것인지 궁금해진다. 럼주를 검색하니 '탄두아이'라는 이름이 나온다. 그런데 그 가격이 우리 돈으로 4000원에서 8000원 정도라는 것을 보는 순간 짜증이 확 올라온다. 이건 가격의 문제가 아니라 신뢰의 문제다. 최소한의 예의를 갖추려고 노력했는데 그에겐 내 입장 같은 건 안중에도 없었다.

아버님 생신 때 가족들이 나눠 마실 술이라는 이야기를 했는데도 기어이 럼주를 권한 가이드에게 배신감이 든다. 뚜껑까지 모자를 쓰고 병목만 투명한 액체가 드러나 보이게 옷을 입고 있던 고급스런 포장은 싸구려라는 실체를 가리기 위한 껍데기였을 뿐이다. 이건 탄두아이가 아닌 다른 럼주일 거라고 중얼대는 내게, 큰아이가 영수증을 확인하곤 12년산 탄두아이라고 쐐기를 박는다. 사기를 당한 느낌이다. 지금 모르고 당한 돈은 사실 알고 당해준 금액에 비하면 아무것도 아닌데도 불구하고 화가 난다. 아침이 되면 환불하겠노라고 씩씩거리며 분노의 밤을 보냈다.

아침 일찍 담당자에게 전화하니 토요일과 일요일은 근무하지 않는다는 음성메시지만 흘러나온다. 당장 시댁에 가야하는데 말린 파파야 한 박스 들고 덜렁덜렁 갈지 모른 체하고 세부에서 산 필리핀 전통주도 들고 갈지 한참을 망설였다.

생신날 아침, 망설임 끝에 가지고 간 탄두아이는 온 가족이 한 잔씩 받고 나니 금세 바닥이 보인다. 40도인데도 불구하고 달아서인지 목 넘김이 부드럽다는 평을 들으며 그렇게 넘어갔다. 사실 화가 난 건 어느 블로그에서 럼주가 필리핀 사람은 가난만 면하면 먹지 않는 싸구려 술이라는 글을 본 때문이다. 그런 술을 선물로 들고 간다는 사실에 얼굴이 후끈거렸다. 그러나 아무도 모르게 지나고 보니 별것도 아닌 일이 돼버린다.

작은아이의 입대를 앞두고 아이들과 함께 한 기분 좋은 여행이다. 그날 밤, 소파에 피곤한 몸을 기대고 TV나 봤으면 분노도 갈등도 없었을 것이다. 가격을 몰랐다면 도수는 높지만, 맛은 부드러운 필리핀 전통주를 가족과 함께 한 기억만 남았으리라. 나중에 알았더라도 여행에서의 가이드 쇼핑이 그러려니 하고 넘어갔을 수도 있다. 몰랐으면 좋았을 텐데 지나친 호기심으로 몰라도 될 것을 알고야 말았다. 어차피 여행사에 연락해서 환불을 받은 것도 아니고 선물로 럼주를 내놓지 않은 것도 아니다. 변한 것은 없다.

원효대사는 간밤에 달게 마셨던 물이 아침에 일어나 보니 해골 바가지에 담겼던 썩은 물이었다는 데서 깨달음을 얻었다고 한다. 원효대사가 아무리 목이 말랐던들 해골에 담긴 물을 봤다면 과연 마셨겠는가. 아무리 포장이 근사해도, 전통주라는 이름을 달고 있어도 싸구려 독주라는 것을 알았다면 선물로는 사지 않았을 것이다. 때론 모르고 지나는 일이 마음 편하다, 알고 나면 번민을 일삼기에 인간은 괴롭고 인생은 힘든가 보다.

(2015. 9)

# 만약에

신호는 몇 번이나 바뀌었는데 차는 10분째 제자리에 있다. 출근 시간임을 고려해서 일찍 나왔건만 내비게이션의 도착 예정 시간은 자꾸만 늘어난다. 어쩔 수 없이 아이에게 내려서 전철을 타고 가라고 한다. 학교까지는 전철로 두 정거장 남았으니 8시 35분 전철을 타면 8시 50분이면 도착할 것 같다.

내려서 전철역을 향해 정신없이 뛰는 아이의 뒷모습을 보고 있자니 마음이 편치 않다. 여유 있게 도착해서 한숨 고르고 실기시험을 봐도 모자랄 판에 이렇게 가슴 졸이고 가서 자신의 기량을 제대로 펼쳐 보일 수나 있을지 걱정이다. 지금부터 4분 정도 남은 시간에 전철을 탈 수 있을지, 전철에서 내려 처음 가는 학교의 시험장을 제시간에 찾아 들어갈지 불안하기만 하다.

학교까지는 전철이나 버스를 타면 집에서 30분 정도면 충분하다. 실기시험에 사용할 소품이 버스에서 눌릴지도 모르니까 데려다준다고 나서지 않았다면 아이는 이미 학교에 도착했을 것이다. 만약에 아이가 밥을 먹으면서 핸드폰을 들여다보지 않고 10분만 일찍 나왔더라면 전철로 바꿔 타지 않아도 됐을지 모른다.

아이는 미대를 졸업하고 군대도 다녀왔다. 이제 취업만 하면 더 이상 신경 쓸게 없다고 생각했는데 느닷없이 연기자가 되고 싶단다. 가끔 아르바이트로 지면 광고를 찍는 것도 이해할 수 없는데 배우가 되겠다니 당황스러웠다. 배우란 TV나 스크린에서 보는 사람이지 내 집에서 함께 사는 사람이라는 건 생각해본 적도 없다. 그러나 이제 겨우 20대 중반의 아이가 하고 싶은 일을 시작도 해보지 못하고 엄마의 반대로 포기한다면 평생 미안해하고 후회할 것 같다. 연기학원을 보내주는 대신 편입을 하라는 조건을 걸었다. 졸업하고 군대도 다녀온 애가 아르바이트나 하고 배우가 되겠다고 여기저기 기웃거리면 백수와 다를 바가 없으니, 학생의 신분으로 시간을 갖고 한번 해보기나 하라는 의미였다.

그러고 보면 학생이란 신분은 일종의 보호막인지도 모른다. 편의점 아르바이트를 해도 학생이 하면 미래를 위한 준비라고 생각하지만, 대학을 졸업한 사람이 하면 무능력하게 보니 말이다. 아이는 미대 편입보다는 차라리 연기학과에 입학해서 처음부터 착실히 배우며 준비하고 싶다고 했다. 제대하고 3개월 준비하고 수시 입학접수를 했다. 오늘이 들어가고 싶다는 대학교에 실기시험을 보러 가는 날이다.

대학 때 본 「빽 투 더 퓨쳐」란 영화는 타임머신이란 기계를 이용해 과거로 갔다가 현재로 돌아오는 내용이다. 당시에는 독특하고 신선한 소재라 굉장히 재미있게 보았고 아직까지 기억에 남아 있다. 예전에 본 영화가 과학을 이용한 시간 여행이었다면, 요즘은 자기 의지와 상관없이 갑자기 과거로 빨려 들어갔다가 현재로 돌아온다. 언젠가 타임머신이 발명될지도 모른다는 기대감으로 보던 예전보다, 과학적으로 전혀 설명되지 않는 요즘 드라마가 오히려 더 가능성이 있어 보인다.

요즘 '타임 슬립'을 소재로 한 드라마가 자주 방영된다. 시간에 미끄러져서 과거에도 가고, 미래에도 가며, 현재에도 돌아올 수 있다는 동화 같은 이야기에 넋이 빠져 일주일을 기다린다. 이런 종류의 이야기에 마음을 빼앗기는 건 어쩌면 되돌리고 싶은 순간이 많아서일 수도 있고, 돌아가고 싶은 순간이 있기 때문인지도 모른다. 만약에 과거로 돌아가서 다른 길을 선택했다면 현재를 바꿀 수 있을지도 모른다는 기대 탓이다. 그때 그 주식을 사지 않았더라면, 면접이 겹치던 그날 그 학교에 가지 않고 다른 학교에 갔더라면…. 만약에 다른 선택을 했다면 주식으로 많은 돈을 벌 수도, 학교에 붙을 수도 있다. 그러나 시간을 되돌려서 그 주식이 아닌 다른 주식을 샀어도 손해를 봤을 수 있고, 다른 학교에 갔어도 떨어질 수 있다. 어쩌면 '만약에'라는 순간으로 되돌려져도 현재를 바꿀 기회는 없을지도 모른다.

그럼에도 불구하고 무엇인가 일이 잘못됐을 때, 손해를 봤다고 생각될 때 '만약에'라는 가정을 하곤 한다. 이미 어쩔 수 없는 일이고, 시간을 되돌리지 않는 한 절대로 바꿀 수 없는 일임을 잘 알수록 '만약에'라는 단어를 떠올린다. 절실하지만 결국은 쓸데없는 일이 '만약에'라는 가정인 걸 알면서도 말이다. 절실하게 원하는 것이 있을수록 그것을 놓쳐버리게 된 결정적 순간을 떠올릴 수밖에 없다. 만약에 그때 다른 선택을 했다면 현재는 바뀌었을 수도 있다. 그러나 바뀐 현재에서도 나는 또 다른 '만약에'를 상상하고 있을 것만 같다. '그때 그렇게 했더라면….' 혹은 '그렇게 하지 말았더라면….'이라는 이제는 아무 소용없는 '만약에'를 하루에도 몇 번씩 하니 말이다. 하다못해 10분만 일찍 나왔어도, 엘리베이

터를 기다리지만 않았어도 떠나는 전철의 뒤꽁무니를 아쉽게 바라보지 않았을 것이라는 후회를 한다.

누구에게나 가지 않은 길에 대한 기대와 하지 못한 것에 대한 아쉬움, 지금보다 더 나은 미래를 원하는 마음이 있다. 후회되는 순간에 '만약에'를 떠올리는 건 잘못된 일에 대한 안타까움과 더불어 그 모든 것들이 엉켜 있기 때문이리라. 앞으로의 삶에서 '만약에'라는 순간을 떠올리는 횟수가 적으면 좋겠다.

(2017. 10)

# 지금 이 순간

「우리는 어디에서 왔는가? 우리는 누구인가? 우리는 어디로 가는가?」

그림이 아닌 제목 앞에서 발걸음을 뗄 수 없다. 과연 우리는 어디서 왔고, 누구이며, 어디로 가는가? 이 철학적 주제 앞에서 아무 생각도 나지 않는다. 이 방에 들어섰을 때 오디오 해설은 나오는데 벽면에는 아웃트라인으로 그려진 그림만 있어서 의아했다. 4m나 되는 대작이라 들여오지 못해서 대충 상상할 수 있게 스케치해 놓은 줄 알았다. 원작도 들여오지 않으면서 왜 메인 포스터에 '낙원을 그린 화가 고갱'이라며 이 작품을 소개했을까라는 의문이

드는 순간 왼쪽 벽을 가득히 채우고 있는 그림이 눈에 들어온다.

그림은 제목과 같이 크게 세 부분으로 나누어 볼 수 있다고 한다. 오른쪽에 누워있는 아기의 모습에서 우리가 어디에서 왔는지 인간의 탄생을 볼 수 있다. 가운데 두 손을 위로 뻗어 선악과를 따는 듯한 모습으로 서 있는 남자에게서는 유혹에 약하면서 좀 더 많은 것을 소유하려는 인간의 원초적 본능이 느껴진다. 왼쪽 구석에 쭈그려 앉은 노인에게선 인간의 마지막인 죽음의 그림자를 엿볼 수 있다. 그러나 인간의 탄생에서 죽음까지 이렇게 수평적으로만 설명되어졌다면 이 작품은 대작이 될 수 없었을 것이다. 색은 말에 앞서 본능을 일으키는 침묵의 언어라고 했던 고갱의 말처럼 작품은 전체적으로 푸르스름한 기운을 보이며 비장함마저 느껴지게 하고 많은 이야기를 하고 있다.

나는 그림을 잘 모른다. 해설을 들으면서도 이 작품의 전체적 분위기나 배경, 그림에 담긴 의미보다는 그림을 담은 제목의 무게 앞에 많은 생각이 들었다. '나는 어디에서 왔고, 어디로 가는지'는 사실 별로 궁금하지 않다. 그러나 '나는 누구인가'는 궁금하다. 나는 무엇을 하며 어떻게 살고 있는지, 과연 제대로 살아내고 있는 것인지 알고 싶다.

한남동에 위치한 리움 미술관에서 알렉산더 칼더의 회고전을 관람했다. 칼더가 누군지도 모르기에 도슨트 관람 시간에 맞춰 30분을 기다렸다가 설명을 들으며 봤다. 알렉산더 칼더(1898-1976)는 움직이는 조각, 모빌을 창안하여 현대 조각의 혁신을 이룬 작가라고 한다. 아이가 갓난아기 때 움직이는 것을 보는 게 뇌 발달에 좋다 하여 머리 위에 걸어뒀던 모빌이 조각의 영역에 속한다는 것을 처음 알았다. 그런 것조차 처음 만든 사람이 있다는 사실도 놀랍다. 벽면에 걸린 회화와 그 앞에 놓인 모빌을 보며 모빌의 탄생에 관한 이야기를 듣는다.

1930년 몬드리안(1872~1944)의 파리 작업실을 방문한 칼더는 흰 벽에 원색 사각형 판자가 붙어 있는 몬드리안의 작품들을 보며, 이 환상적인 작품들이 모두 함께 움직여 돌아간다면 얼마나 멋질까라는 생각을 했다. 그의 생각을 들은 몬드리안은 자신의 그림은 이미 너무 빠르다며 그럴 필요 없다고 무시했다. 그러나 이 날 떠오른 생각과 경험에서 움직이는 조각, 모빌이 탄생했다고 한다. 몬드리안에게 인정받지 못했음에도 불구하고 알렉산더 칼더는 움직이는 조각, 모빌을 탄생시킬 준비를 한 것이다.

역사가 항상 최초로 만든 사람의 이름만을 기억한다면 바로 그 순간, 우리는 새로운 역사를 접한 셈이다. 그 얘기를 들으면서 「우리는 어디에서 왔는가? 우리는 누구인가? 우리는 어디로 가는가?」라는 고갱의 그림이 생각났다. 그림이 던지던 화두 '우리는 누구인가?'로부터 시작된 '나는 무엇을 하며 살고 있는가? 어떻게 살아야 하는 것일까?'라는 질문이 또다시 고개를 든다. 도슨트의 목소리가 윙윙거리며 점점 멀어져간다.

칼더는 몬드리안에게 비웃음을 당한 순간에도 공간 속의 움직임을 구상했고, 마침내 조각을 천장에 매달았다. 만약 거장의 무시에 신출내기 아티스트가 포기했다면 현대 조각의 역사는 달라졌을 것이다. 한 인간이 누구인가라는 질문은 무엇을 하며 살았는가이고, 무엇을 하며 살았는가는 결국 한순간 한순간이 모여 이루어진다.

참아내는 이 순간, 노력하는 이 순간 역시 내 인생의 과거가 될 것이며, 내 미래의 역사가 될 것이다. 고갱의 그림은 '우리는 누구인가?'라는 주제에 선악과를 따는 듯한 인간의 모습으로 답했다. 인생은 금지된 사과를 따려는 인간의 욕망에서 시작되는 것인지도 모른다. 사과를 원죄가 내포되어 있는 선악과가 아닌 단순히 나무에 달려 있는 신선한 과일로 생각해 본다. 높은 곳에 있는 목표를 향해 나아가는 것, 탐스러운 열매를 얻기 위해 부단한 노력을 하는 건 현재를 살아가는 우리의 모습이 아니던가. 인간은 나약하고 미래에 대한 확신이 없기에 불안하지만 손에 쥘 그 무엇인가를 얻기 위해 순간순간을 쌓아가고 있는 것이다.

그런 맥락에서 보면 지금 무엇을 하고 있느냐가 무엇을 하며 살고 있는가의 답이며, 나는 누구인가에 대한 답이 되는 것이 아닐까 싶다. 삶은 순간의 연속이라는 평범한 사실을 잊고 살았다. 지나간 과거는 바꿀 수 없지만 다가올 미래는 지금 이 순간에 의해 얼마든지 바뀔 수 있다. 지금 이 순간이 가장 소중하다는 걸 기억하며 고갱의 '우리는 누구인가?'라는 질문에 당당하게 맞서고 싶다.

(2013. 9)

## 고향집이 뭐예요?

언젠가 이 길을 지나간 적이 있는 것 같다. 기억 속 어딘가에 있는 듯 익숙한 분위기가 낯설지 않다. 고개를 좌우로 돌리다가 "아…!" 하는 감탄사가 절로 나온다. 뒤늦은 깨달음이다. 전혀 생각지 못했다. 만약 효창운동장 앞길로 내려왔다면 마음의 준비를 했을 텐데 뒷길로 내려오느라 상상조차 하지 못했다.

갈 때는 신촌 쪽에서 갔고, 올 때는 내비게이션의 등록지점인 '우리집'을 입력했다. 어느 곳을 거쳐 가는지 확인할 새도 없이 골목골목을 헤매다가 차도로 내려왔다. '때때때, 땡~' 하는 내비게이션의 화난 시그널이 더 이상 들리지 않는 것에 만족하며 안심하는 순간, 눈에 익은 풍경이 들어온다. 데자뷔인가 싶던 순간 오른쪽에 '용문시장'이라는 표지판이 보인다. 건너편 주택가는 내가 초등학교 4학년부터 결혼할 때까지 15년을 살던 곳이다. 내려오면서 본 동네는 모습이 많이 바뀌었다. 굴다리가 없어졌고, 전철역이 들어섰으며, 고층건물과 아파트도 생겼다. 그럼에도 불구하고 내가 살던 주변만 예전 모습을 지니고 있으니 반가웠다.

고향은 태어나서 자란 집이 있는 곳이다. 고향집이란 단어는 포근함과 그리움, 편안함을 떠오르게 한다. 그러나 나에겐 고향집에 대한 기억이 없다. 고향집에 대한 기억이 없다는 건 어쩌면 유년의 기억이 없다는 말과 같은 뜻인지도 모른다. 서울에서 태어나 언제부터였는지는 모르지만 초등학교 1학년 가을까지 충주 큰집에서 자랐다. 내 집이 아니라서 그런지 재래식 펌프로 물을 퍼 올리던 것 외엔 그 집에 대한 기억이 없다. 3년쯤 살았던 충정로 집에는 옥상이 있었는데 거기서 여동생이 날 수 있다며 갑자기 뛰어내려 팔이 부러진 사건만 생각날 뿐 추억이라 이름 붙일 만한 일도 없다.

기억에도 없는 그곳들이 고향은 아닌 것 같다. 굳이 고향집을 소개하라면 용문동 집이 아닐까 싶다. 그마저도 결혼 후 집을 새로 지었고, 그 새집에서 얼마 안 살고 부모님이 이사를 가셨다.

이후에는 용문동에 간 적이 없다. 고향집엔 이제 부모님도 친구도 더 이상 살지 않는데다 그 모습들은 많이 바뀌었다. 그리울 것도 생각날 것도 별로 없다. 그런데 그 골목에 들어선 순간, 기억의 파편들이 여기저기서 튀어나온다. 그곳이 내 살던 곳임을 깨닫자, 옛 기억 속에서 미소 짓게 된다. 고향집은 단순히 장소에 대한 기억이 아니라 마음속 그리움인지도 모른다.

큰애는 4살 때부터 이 동네에서 살았고, 작은애는 이 아파트에서 태어났다. 내 아이들은 이 집을 떠나 다른 곳으로 이사를 간다면 과연 이 동네를 그리워하고 힘들 때 찾아오고 싶을까. 물론 그때까지 내가 이곳을 지키고 있다면 엄마 집을 찾아오기는 할 것이다. 그러나 내가 이 집을 떠난다면 이 동네에 오거나 그리워하는 일은 없을 듯싶다.

고향이라면 적어도 꽃피는 산골은 아니더라도, 뒷산에 올라 뛰어 놀던 기억 정도는 있어줘야 명함을 내밀 수 있는 게 아닐까. 그러고 보면 서울에서 태어나는 것은 날 때부터 추억 하나를 접고 시작하는 것인지도 모른다. 요즘은 지방도 거의 아파트이고, 주택이라도 자연이라곤 찾아볼 수 없는 시멘트 건물이다. 그곳에서 태어나 자란 아이들이 고향이라는 단어를 떠올리기나 할지 모르겠다. 사람은 나면 서울로 보내고, 말은 나면 제주도로 보내라는 말이 있다. 예부터 진학이나 취업 때문에, 혹은 결혼을 해서 시골집을 떠나는 사람들이 많았다. 그러다 보니 집과 부모님을 떠난 그들은 힘들거나 외로울 때 고향집을 그리워했을 것이다. 남북으로 갈린 우리나라의 특성상 북에 고향을 두고 온 사람들은 가고 싶어도 가지 못하는 고향이 더욱 그리웠으리라.

그러나 요즘은 집을 떠나도 그리울 땐 언제든지 전화를 할 수 있고, 집에 다녀올 수도 있다. 친구들은 꼭 고향집이 아니어도 메신저를 통해서 언제나 연락할 수 있고, 각 도시에 흩어져 살아도 대전쯤 장소를 정해 중간에서 만나기도 한다. 요즘 아이들에게 고향이 어디냐고 물으면 자기가 태어난 병원 이름을 댄다고 한다. 시멘트 숲에서 태어나 친구들과 뛰어놀 시간도 없이 학원을 전전하는 아이들에게 고향집이란 그저 출신지일 뿐, 그리움의 대상은 아니다.

시대가 바뀌어 예전에는 없던 말들이 표준국어대사전에 등재되는 것처럼 미래의 어느 날에 고향이란 단어는 고어(古語) 사전에서나 찾아볼 수 있는 단어가 될지도 모르겠다. 지금의 아이들도 먼 훗날, 문득 차창 밖을 내다봤을 때 재건축된 초고층 아파트 사이에서나마 고향집을 떠올릴 그리운 마음이 있으면 좋겠다. 고향집이 무슨 뜻이냐고 묻는 일은 없었으면 하는 바람이다.

(2018. 6)

# 담백한 문장으로 객관화 시킨 주제 형상화

- 수필집 『오른쪽 손가락의 기억』을 중심으로

오 경 자
(한국수필문학가협회 회장)

수필은 작가의 특출한 상상력으로 만들어 쓰는 글이 아니라 자신의 이야기를 객관화시키는 글이다. 내가 겪은 이야기이지만, 내가 느낀 느낌이지만 그것이 많은 사람들의 것과 일치 할 때 감동의 판을 흔든다. 이때 그 이야기의 전개가 내 것이로되 남의 것처럼 전달되게 하는 것은 묘사와 표현이다. 지나치게 내 것임이 드러나면 자칫 넋두리가 되고 아예 남의 것처럼 비춰지면 논설처럼 보이기 십상이다. 물론 이 둘을 다 뛰어넘어야 수필로는 성공작이 된다 하겠다.

유경희의 수필은 바로 경계점을 잘 지키며 자기의 이야기를 스스럼없이 객관화시키고 있다. 수필에서 빼놓을 수 없는 회상이나 회고를 그는 마치 남의 이야기 하듯 멀리서 쳐다보는 자세로 이야기를 풀어간다. 거기에 더해서 어느 것이 옳았다 틀렸다가 아니라 그 상태 그대로 그때 그랬다는 표현이 주종을 이룬다. 지금 심경을 아주 짧게 주석처럼 붙이면서도 그저 그렇다 정도로 끝낸다. 그것이 바로 그의 주제이고 그런 태도가 그의 관조이다.

그런데 이상한 것은 그런 그의 수필이 바로 그런 점 때문에 더 큰 감동을 주고 공감대를 형성함은 무엇 때문일까?

그게 바로 현대인의 감성 변화에 부응한 부분이라고 생각한다. 요즘 사람들 표현을 빌어 말하면 쿨 하다는 것, 바로 그것이다. 매사에 천착하지 않는다는 것이다. 40대에 수필에 입문한 문학도답게 수필이 지닌 약점 중 하나인 자칫 진부해지기 쉬운 속성을 과감하게 벗어던진 것이 유경희의 수필이다. 문장이 경박하지 않으면서도 가라앉는 느낌이 없는 깔끔한 것이 돋보이는 표현력이다. 그러면서도 유경희의 수필은 주제의 형상화가 잘 이루어져 있다. 「23시간」은 위기상황에서도 긍정적인 생각으로 사물을 재해석하는 작가의 관조를 잘 나타낸 작품이다.

여행을 통해 얻을 수 있는 건 눈으로 본 것만이 다가 아니다. 실수와 어려움을 통해서 얻게 되는 것도 많다. 그리고 그 어려움을 극복하면서 공유한 기억은 사진으로 담아온 추억 이상으로 가슴에 남는다. 잃어버린 돈이나 시간보다 많은 것을 얻었다.

-「23시간」 중에서

그런가 하면 삶과 죽음이라는 아주 무거운 주제를 신문기사에서 출발하는 글감을 가지고 감성적으로 풀어가며 그 주제의 형상화에 성공하는 것을 보면 빈틈없는 문장력이 그 받침이 되고 있음을 발견하게 된다

가슴을 꽉 채우고 있을법한 한이나 서러움도 깊은 통찰로 괴로워하는 것이 아니라 일상의 소소한 꼬투리에서 시작해서 담담하게 풀어냄으로서 맑은 장국 맛 같은 개운함과 함께 가슴을 울려 먹먹하게 한다. 「귀로 보는 사랑」이나 「아버지의 매실액」 같은 작품이 그런 예이다.

돌아가시기 전날 아버지는 내게 '경희야!' 하고 불렀다. 그리고 그동안 애썼다며 고맙다고 했다. 그게 마지막 유언이 돼 버렸다. 아이를 낳은 이후 아버지는 내 이름을 부른 적이 거의 없다. 남의 집 며느리로 두 아이의 엄마가 된 당신 딸의 이름을 함부로 부르는 것을 꺼리셨다. 그 시절의 다른 아버지들이 다 그랬듯 아버지도 평소 감성 표현이 서툴렀다. (중략)

해 줘도 먹을 시간이 없다고 갖고 가는 것조차 귀찮아하는 내 아이에게 줄 고기를 양념하면서, 이런 걸 누가 먹는다고 그렇게 고생을 하느냐고 짜증내던 내 아버지의 매실액을 넣는다. 아이가 원치 않아도 반찬을 해 주고 싶어 하는 내 마음은 자식에게 구박(?)을 받아도 매년 매실액을 담그던 아버지의 마음과 닮아 있다. 삶에서 중요한 건 꼭 잃고 나서야 알게 된다. 아버지에게 매실액을 주셔서 고맙다는 형식적인 인사가 아니라 당신의 사랑을 받아서 감사하다는 진정한 인사를, 사랑한다는 말 한 번 못해 드린 게 후회스럽다. -「아버지의 매실액」 중에서

TV 속 그가 피아노를 치며 시각장애인인 스티비 원더가 그의 딸을 위해 불렀다는 'Isn't she lovely?를 부른다. 그 모습은 눈앞의 엄마를 볼 때면 마음이 아프고 더 잘해야겠다고 다짐하지만 내 생활로 돌아오면 바쁘다는 핑계로 잊고 지내는 나를 돌아보게 한다. 내리사랑이라더니 내 아이에겐 늘 사랑한다 말하면서도 엄마에게는 사랑한다는 말을 한 적이 없는 것 같다. 엄마에게 눈으로 보여드릴 수 없는 내 마음을 귀로 볼 수 있도록 소리 내어 사랑한다고 말하고 싶다. -「귀로 보는 사랑」 중에서

위의 직품에서 어떤 슬픈 예화를 가져온 것보다 진한 딸의 사랑을 나타내고 있지 않은가? 당뇨 후유증으로 실명한 어머니의

처치를 구구한 이야기로 풀어내지 않았지만 딸의 아픈 심정을 잘 나타내고 있는 부분이다. 행간에 숨어 있는 어머니에 대한 사랑과 연민이 가슴을 오래 울린다. 대부분 천착하기 쉬운 글감을 담담하게 처리하면서도 그 울림을 깊게 할 수 있는 것이 유경희 수필의 특징이기도 하다.

그의 「고향집이 뭐에요?」는 그야말로 낀 세대다운 접근이다. 신세대의 입장을 잘 표현하면서도 온고지신을 은연중에 강조하는 균형을 이룬 작품이다.

> 요즘 아이들에게 고향이 어디냐고 물으면 자기가 태어난 병원 이름을 댄다고 한다. 시멘트 숲에서 태어나 친구들과 뛰어놀 시간도 없이 학원을 전전하는 아이들에게 고향집이란 그저 출신지일 뿐, 그리움의 대상은 아니다. 시대가 바뀌어 예전에는 없던 말들이 표준국어대사전에 등재되는 것처럼 미래의 어느 날에 고향이란 단어는 고어(古語)사전에서나 찾아볼 수 있는 단어가 될지도 모르겠다. 지금의 아이들도 먼 훗날, 문득 창밖을 내다봤을 때 재건축된 초고층 아파트 사이에서나마 고향집을 떠올릴 그리운 마음이 있었으면 좋겠다. 고향집이 무슨 뜻이냐고 묻는 일은 없었으면 하는 바람이다.
>
> –「고향집이 뭐에요?」 중에서

수필에서의 제목은 매우 중요한 위치를 차지한다. 글의 내용이나 주제를 너무 직접적으로 드러내는 것보다는 살짝 비키는 것이 더 좋으면서도 너무 동떨어져 버리면 독자가 글을 다 읽고 난 후에 배신감을 느껴서 감동을 반감시킨다. 유경희는 제목을 절묘하게 잘 붙이는 재주를 가졌다. 제목은 호기심을 유발시켜서 읽고 싶은 생각이 들게 해야 되는데 그의 작품 「장미와 삼겹살」은 그런 경우의 좋은 예라 할 수 있다. 장미와 삼겹살을 아무리 연관지으려 해도 잘 조합이 이루어지지 않는 것이기에 호기심은 증폭된다. 억지로 붙인 것 같은 생각이 들지만 글을 읽는 도중에 아아, 하면서 감탄하는 제목이다. 남편과의 애틋한 회고를 구구절절한 군말 없이 절묘하게 그려내서 잘 담아내고 있는 수작이다.

> 결혼 초, 당직을 한 남편이 일찍 집에 돌아왔다. 멜 소리에 문을 여니 남편의 얼굴 대신 장미 한 다발이 그 자리를 차지한다. 잡은 물고기에 먹이를 주는 남편의 행동에 감격해서 장미를 받아들고 함박웃음을 짓는데 그의 또 다른 손에 들린 비닐봉지가 눈에 띄었다. 뭐냐고 묻기도 전에 삼겹살인데 구워 먹고 한숨 자야겠다고 한다. 반찬하기 힘들까 봐 사 왔다고 자랑스럽게 말하는 남편을 보며 순식간에 연애감정에서 깨어났다. 방금 전 장미 한 다발에 세상을 다 가진 것처럼 행복한 아가씨였는데, 말 한마디에 남편 밥을 챙겨야

하는 현실의 아줌마로 돌아왔다. 그때는 그랬다. 장미로도 충분히 행복한데 저 어울리지 않는 봉지의 삼겹살이 내 기분을 망쳤다고 생각했다. (중략)

이상하게도 그 어울리지 않는 조합은 살면서 꿈과 현실이 부딪힐 때, 지쳐 힘들 때 나를 이기는 힘이 됐다. 세월이 지날수록 장미에 딸려온 까만 봉지의 눈치 없는 삼겹살은 잊히고, 삼겹살과 함께 온 환한 장미 한 다발의 낭만이 가슴에 가득 찬다. 세월은 장미만이 남편의 사랑이 아니라 까만 비닐봉지의 삼겹살 또한 그의 사랑이었음을 알게 한다. 생각보다 일찍 들어온 남편의 밥상을 차려야하는 아내의 고충을 해결하고자 삼겹살을 사고, 혼자 문을 꽁꽁 잠그고 무서움에 떨며 밤을 지냈을 신혼의 그녀에게 장미꽃을 선물한 그의 마음을 생각하면 세상의 그 어떤 어려움도 이길 수 있을 것 같다. (중략)

남편의 장미를 기억하며 삶의 고단함을 이겨냈다면, 이제 아들의 장미를 기억하며 잊었던 감성과 여유를 찾고 싶다.

-「장미와 삼겹살」 중에서

「기억」도 읽어 가면서 그 제목 선택이 절묘함을 느끼면서 글의 재미를 배가 시키는 작품이다. 전생을 기억하며 이생을 살아가는 사람의 희한한 이야기와 알츠하이머로 기억을 잃어가는 사람의 에피소드를 글감으로 한 이 작품은 생소하게 느껴지는 동떨어진 이야기를 한 제목 속에 그려낸다. 엉뚱할 것 같은 조합이 제목의 기막힌 선택에 더 큰 감동을 준다.

> 기억하고 싶은 것을 기억하기도 하지만 때론 절대 기억하고 싶지 않은 것을 화상처럼 지니기도 한다. 기억하고 싶은 것도 함께 이야기하며 공유할 때 추억으로 남아 아름답고, 기억하고 싶지 않은 것도 함께 공유하고 위로받을 때 치유가 되는 법이다. 기억이란 타인과 공유해야 빛나고 아름답다. -「기억」 중에서

유경희의 수필은 아주 작은 일 소소한 것에서 행복을 느끼고 생각하기에 따라서 세상은 살아볼 만한 것이라는 긍정을 바탕에 깔고 있다 할 수 있다. 삶의 현장에서 어려움을 만났을 때 의연히 대처하거나 그럴 수도 있다든가, 상대방의 입장에서 생각하는 역지사지의 생활 태도가 그를 수필가이게 하는지도 모른다.

'만원으로 무엇을 할 수 있을까'라고 문제를 던지면서 할인된 값으로 연극표를 사서 친구와 함께 보면서 느끼는 작은 행복감을 잘 그려내고 있다.

> 만 원의 가치가 사람마다 다르듯, 행복의 가치도 사람마다 다르

다. 만 원짜리 연극 따위를 보고 행복해하는 사람을 이해하지 못하는 사람이기보다는 만 원짜리 연극을 보고 행복해하는 사람이고 싶다. 어차피 반복되는 일상이라면 작지만 확실하게 실현 가능한 행복을 느끼며 살고 싶다. -「만원의 행복」 중에서

유경희의 수필은 주제가 인간의 감정세계나 자연을 노래하는 등의 일반적 시각에 국한하지 않고 문명 비판적 글감으로 확실하게 주제를 형상화하고 분명한 메시지를 전하고 있다. 체육시설에서 자신의 운동화를 잃어버리고 관장이 여러 가지 노력 끝에 결국 CCTV를 통해 그 신발을 찾아다 주는 경험을 글감으로「한 트루먼 쇼」는 그 좋은 예이다.

CCTV는 우기는 사람이 이기는 게 아니라 뚜렷한 증거로 선의의 피해자를 없애고, 범인을 잡아내는 순기능이 있다. 공공장소나 도로에 설치돼 있는 것이 당연하게 여겨질 만큼 우리 사회 깊숙이 자리 잡았다. 그런데 누군가 알고자 하면 여기저기 설치되어 있는 CCTV 영상을 돌려보는 것만으로도 나의 하루가 드러날 수 있다. 아침 몇 시에 지하철을 탔는지, 어느 역에서 내려 아침식사로 토스트를 사 먹고, 몇 시에 회사로 들어갔다가 몇 시에 퇴근해서 어느 도로를 걷고, 어느 음식점에서 누구와 무엇을 먹었는지, 몇 시에

집에 돌아왔는지 다 알 수 있는 것이다. 어쩌면 CCTV는 보통 사람들을 24시간 자신의 삶을 생방송하는 트루먼 쇼의 주인공으로 만들고 있는지도 모른다.

CCTV로 출연자들의 움직임을 보며 킥킥거리다가 나 또한 이 시간 어딘가의 CCTV에서 16배 속으로 분주히 돌아가고 있을지도 모른다는 생각이 들자 얼굴에서 웃음기가 사라진다. 웃자고 작정하고 보는 예능프로그램을 웃지 못한 채 어정쩡한 표정으로 볼 수밖에 없는 사람은 오늘 비단 나뿐이었을까? - 「트루먼 쇼」 중에서

유경희의 수필 세계는 깊은 관조가 있으면서 문장은 발랄하다는 특징을 높이 사고 싶다.

혼탁한 세상을 잠시 잊을 수 있는 옹달샘 같은 유경희의 수필에서 쉼을 찾을 수 있기를 바라며 일독을 권하는 바이다.

유경희 수필집
오른쪽 손가락의 기억

2020년 9월 25일 초판 인쇄
2020년 9월 30일 초판 발행

지은이 / 유경희
발행인 / 강병욱

발행처 / 도서출판 교음사
편 집 / 隨筆文學社 出版部

03147 서울 종로구 삼일대로 457 수운회관 1308호
Tel (02) 737-7081, 739-7879(Fax)
e-mail : gyoeum@daum.net
등록 / 제2007-000052호

* 잘못된 책은 바꿔 드립니다. 값 12,000 원

ISBN 978-89-7814-795-8 03810

이 도서의 국립중앙도서관 출판예정도서목록(CIP)은 서지정보유통지원시스템 홈페이지(http://seoji.nl.go.kr)와 국가자료공동목록시스템(http://www.nl.go.kr/kolisnet)에서 이용하실 수 있습니다. (CIP제어번호 : CIP2020040445)